Ulrich Hoffmann / Sybille Wagner

Untreu –
aber richtig!

Kleiner Ratgeber für Seitensprünge

Rowohlt

Für die schönste Frau der Welt, mit der alles begann.
Für die, die ich liebe.

Ulrich Hoffmann, Sybille Wagner
Hamburg 1997

Originalausgabe
Veröffentlicht im Rowohlt
Taschenbuch Verlag GmbH,
Reinbek bei Hamburg,
Dezember 1997
Copyright © 1997 by Rowohlt
Taschenbuch Verlag GmbH,
Reinbek bei Hamburg
Redaktion Barbara Weiner
Umschlaggestaltung Barbara Hanke
(Foto: Tony Stone Images, Carol Ford)
Satz Sabon und Frutiger (Linotronic 500)
Gesamtherstellung Clausen & Bosse, Leck
Printed in Germany
1490-ISBN 3 499 60283 0

Inhalt

Geschichten und Gespräche

Vorwort

Untreue beginnt im Kopf

Corinna verwechselt die Kaffeetasse mit dem Aschenbecher, so aufgeregt ist sie. «Wir waren bloß Freunde, und dann ist es gestern nacht einfach passiert. Wenn bloß Bernd nichts davon erfährt. Aber aufregend ist's schon …»

Jan bringt seiner Frau zum erstenmal seit Jahren wieder Blumen mit. «Ich habe gerade ein Verhältnis mit meiner Sekretärin angefangen und will auf keinen Fall, daß meine Uschi etwas davon merkt», sagt er.

Charlotte trennt sich von Mann und Kindern, um mit ihrem Surflehrer durchzubrennen, und Peter ist seiner Sybille jetzt schon zwanzig Jahre treu – widerwillig, denn zu einem Seitensprung fehlt ihm im Grunde bloß der Mut.

In der Liebe ist alles möglich, sie geht ihre eigenen Wege. Es gibt kein Richtig und kein Falsch. Gefühle sind die einzige Währung – doch deren Umtauschkurs in harte Wirklichkeit kann manchmal äußerst ungünstig aussehen. Da können wir Ihnen auch nicht helfen.

Aber wir können Ihnen ein paar Tips geben. Die folgenden Kapitel handeln davon, wie wichtig Treue heute noch ist, was andere erlebt haben, ob sich ein Seitensprung überhaupt lohnt – und wenn ja, mit wem.

Dieses Buch wendet sich an alle, die:
- einen Seitensprung hinter sich haben,
- einen Seitensprung vor sich haben,
- gerade untreu sind,
- deren Partner (vielleicht?) untreu war oder ist.

Wir möchten Sie hier zu etwas ganz Wichtigem ermutigen: Untreue im Kopf. Nach diesem Gedankenspiel werden Sie – nur für sich, ganz subjektiv – klarer sehen. Sie werden wissen, worauf es Ihnen ankommt, werden nicht mehr grübeln und hadern, sondern wieder mit Spaß bei der Sache sein – so oder so.

Eines kann Ihnen niemand abnehmen: die Lust an der Lust (wieder) zu entdecken, auf Ihre ganz eigene Art und Weise. Wir können Sie dabei nur begleiten – ohne erhobenen Zeigefinger, versteht sich.

Wir wünschen Ihnen ausgesprochen viel Spaß dabei! Denn darum – um *Lust* und Liebe – geht es uns, und Ihnen hoffentlich auch.

Einleitung
Wie Sie den größtmöglichen Nutzen aus diesem Buch ziehen

Sie müssen bereit sein, alle Ihre Moralvorstellungen in Zweifel zu ziehen. Wenn Ihnen von vornherein klar ist, was «richtig» und was «falsch» ist, wissen Sie mehr als wir – und werden von unserem Buch nicht viel haben. Wir bemühen uns, die Dinge – und dazu gehören althergebrachte Moralvorstellungen genauso wie neumodische Sextrends – aus verschiedenen Blickwinkeln zu betrachten. Wir wollen Ihnen nicht unsere Meinung als die alleinseligmachende verkünden. Wir wollen Ihnen helfen, Ihren eigenen Standpunkt zu finden und sich von allen fremden Fesseln zu befreien. Dazu aber müssen Sie bereit sein, alle – auch Ihre eigenen – Positionen und Meinungen in Frage zu stellen.

Lesen Sie gründlich und sorgfältig. Überfliegen Sie zunächst jedes Kapitel, um zu erfahren, worum es geht. Lesen Sie es anschließend noch einmal sorgfältig durch. Unterstreichen und markieren Sie, was Ihnen wichtig erscheint, insbesondere auch Abschnitte, die Ihnen zuerst unwahrscheinlich, abwegig oder schwer nachvollziehbar vorkommen. Das erleichtert die innere Auseinandersetzung mit diesen Themen.

Unterbrechen Sie die Lektüre häufig, und lassen Sie Ihren Gedanken freien Lauf. Stellen Sie einen Bezug zwischen dem Gelesenen und Ihrem eigenen Leben her: Was könnte das für mich bedeuten? Teile ich diese Meinung? Wenn nein, warum nicht? Wie könnte ich diesen speziellen Hinweis in meinem Leben konkret umsetzen?

Uns ist bewußt, daß Sie es höchstwahrscheinlich eilig haben. Wahrscheinlich wollen Sie sich – und zwar so schnell wie möglich! – darüber klar werden, ob Sie sich auf einen Seitensprung einlassen sollen. Oder Sie haben die erste Nacht – und mehr? – bereits hinter sich und wissen nicht mehr so richtig weiter. Gerade dann raten wir Ihnen: Lesen Sie gründlich und sorgfältig! Nur wenn Sie alles, was wir Ihnen empfehlen, genau durchdenken und auf Ihre Situation übertragen, können Sie es auch nutzbringend umsetzen.

! Lassen Sie dieses Buch, insbesondere wenn Sie sich darin Notizen gemacht oder Unterstreichungen vorgenommen haben, auf keinen Fall daheim herumliegen. Auch nicht in Ihrer Nachttischschublade. Oder wie wollen Sie erklären, warum Sie es lesen? «Ihr Partner [wird] mißtrauisch, wenn Sie anfangen, sich mit Fragen der Treue und Untreue zu beschäftigen; selbst wenn es nur theoretisch ist», schreibt Philosoph und Buchautor Frank Joachim, denn «Treue ist nur eine dünne Kruste auf der Feuersglut unserer Sexualität»[1]. Und: Treue ist eine Tugend mit Tücken. Dieses Buch gehört deshalb dorthin, wo alle Indizien Ihres Seitensprungs hingehören: in eine abschließbare Schreibtischschublade im Büro oder ein anderes, absolut sicheres Versteck. (Dazu mehr in Kapitel 7.)

Lesen Sie im Verlauf Ihrer Affäre(n) immer wieder mal nach. Die besten Ideen, wie Sie sich in einer bestimmten Situation verhalten sollten oder könnten, ergeben sich aus eben dieser konkreten Situation und einem frischen Denkanstoß.

Einer unserer Gesprächspartner bei der Arbeit an diesem Buch erfand spontan eine der besten Ausreden für einen Seitensprung, als wir uns verabredeten, um Leben gerade über Ausreden zu sprechen. Er verschob den Termin – sagte seiner Frau jedoch, wir hätten uns getroffen und wären nicht fertig geworden. Deshalb müßten wir uns wenige Tage später «noch mal» treffen. Eine Ausrede, auf die niemand kommen kann, der sich lebensfern im stillen Kämmerlein das Hirn zermartert.

Lassen Sie sich auf das Leben und die Liebe ein. Auch dann, wenn vielleicht alles ganz anders kommt. Das Leben ist eine Achterbahn. Sie müssen schon Lust haben mitzufahren. Und sei es nur beim Probelauf im Geiste.

Wenn Sie im Augenblick – warum auch immer – «andere Sorgen» haben, legen Sie dieses Buch beiseite und nehmen Sie es ein andermal zur Hand. Lassen Sie solange auch die Finger von Affären! Denn Ihre «anderen Sorgen» werden dazu führen, daß Sie nicht die nötige Aufmerksamkeit und Umsicht walten lassen können.

Zusammenfassung

- *Sie müssen bereit sein, alle Ihre Moralvorstellungen in Zweifel zu ziehen.*

- *Lesen Sie gründlich und sorgfältig. Unterbrechen Sie die Lektüre häufig, und denken Sie über das Gelesene nach.*

- *Lassen Sie dieses Buch auf keinen Fall daheim herumliegen.*

- *Lesen Sie im Verlauf Ihrer Affäre(n) immer wieder mal nach.*

- *Lassen Sie sich auf das Leben und die Liebe ein.*

Wie, mit wem und wann: Untreu – aber richtig!

1. Worum geht es eigentlich?
Partnerschaften, Beziehungen und Affären

In diesem Kapitel werden wir uns damit auseinandersetzen, was Untreue eigentlich ist. Wer warum untreu werden kann. Wie unterschiedlich Männer und Frauen sich verhalten. Was dieses Buch leisten kann und wird – und was nicht. In welchem Licht wir Seitensprünge betrachten, was manche anderen Ratgeberautoren dazu sagen und warum wir deren Vorurteile nicht übernehmen.

Untreu bin ich höchstens den Frauen, aber nie mir selbst», so lautet die immer wieder gern zitierte Lebensmaxime gestandener Machos. Ist diese Einstellung richtig? Oder nicht?

Über Untreue spricht man nicht, immer noch nicht, und wenn doch, dann höchstens hinterher. Das aber kann tödlich für eine Beziehung sein. Und dabei waren vielleicht alle Beteiligten (manchmal sogar der unwissend betrogene Partner) nur auf ein bißchen Spaß und Lebenslust aus.

Höchste Zeit also, einmal zu klären, was Untreue eigentlich ist – und warum sie uns so unheimlich vorkommt!

«Untreu können auch Eltern ihren Kindern sein», herrschte uns eine Psychologin auf einer Party an, als wir von der Arbeit an diesem Buch erzählten. Und hat damit natürlich völlig recht.

Untreu ist im Grunde auch ein Klempner, der Sie versetzt, ein guter Freund, der Sie verletzt, untreu können Tiere genauso sein wie Menschen.

Aber hier in diesem Buch geht es um die Untreue – meist sexueller Art – in Beziehungen.

Was ist eine Beziehung?

Unter «Beziehung» verstehen wir ungefähr folgendes:
* Zwei Menschen leben gemeinsam bzw. betrachten sich (bei getrennten Wohnorten) als Paar.

- Zu einer Beziehung können noch weitere Mitglieder gehören (Kinder, weitere Verwandte, WG-Genossen, Tiere); Untreue diesen gegenüber ist *nicht* unser Thema.
- Die beiden Beziehungspartner haben sexuellen Kontakt – oder hatten ihn zumindest früher einmal, als alles noch gut war.
- Das Geschlecht der Beteiligten spielt keine Rolle (d.h., unser Buch wendet sich an homo- wie heterosexuelle Paare).

Was ist Untreue?

Den Begriff «Untreue» werden wir später noch – in verschiedenen Zusammenhängen – genauer definieren und eingrenzen müssen. Für den Anfang begnügen wir uns erst einmal mit dem, was die Bevölkerungsmehrheit darunter versteht:

Mindestens ein Partner lebt in einer festen Beziehung, der – ausgesprochen oder unausgesprochen – ein Treueversprechen zugrunde liegt, und bricht dieses, indem er:

- Sex mit einem oder einer anderen hat
- Liebe zu einem oder einer anderen empfindet
- eine enge – sozusagen «geistig intime» – Freundschaft zu einem oder einer anderen aufbaut.

Darüber hinaus ist sicher nicht von Untreue zu reden, wenn zwei erwachsene Menschen freiwillig, übereinstimmend und im Vollbesitz ihrer geistigen Kräfte beschließen, miteinander eine nicht-monogame Beziehung zu führen, d.h. auch mit anderen Partnern zu schlafen und/oder intensive Beziehungen aufzubauen. Nichtsdestotrotz kann unser Buch für sie ein Quell freudiger Anregungen sein.

Neben den psychosozialen Schwierigkeiten dieses Themas begegneten wir bei der Arbeit an diesem Buch auch sprachlichen Problemen. Problemen, die der Paartherapeut Hans Jellouscheck kennt: «So gut wie alle Begriffe, die in diesem Zusammenhang verwendet werden, haben eine moralische Färbung. Sie urteilen, verurteilen, werten ab, sprechen schuldig oder nicht schuldig. Damit werden sie aber dem menschlichen und psychologischen Geschehen kaum gerecht.» [2] Außerdem ist «das Gefährliche an dem Wort Treue [...] sein Postulat der Absolutheit, es gibt nicht ein bißchen treu oder den Umständen entsprechend treu. Treu oder untreu, schwarz oder weiß, da gibt es keine Grautöne», befindet Isabelle Hommel in ihrer Untreuebestandsaufnahme «In fremden Betten».[3]

Wir haben uns nichtsdestotrotz dafür entschieden, die üblichen und allgemeinverständlichen Ausdrücke zu verwenden, ohne uns jedesmal ausdrücklich von den impliziten Wertungen zu distanzieren, sofern sich unsere sozusagen liberale Position eindeutig aus dem Kontext erschließt.

Schließlich wollen wir Sie zu Gedankenspielen einladen, nicht zu Sprachspielen.

Alle Menschen sind gleich

Im übrigen gehen wir ganz allgemein von zwei Arbeitshypothesen aus:

1. Männer und Frauen sind unterschiedlich.
2. Daraus kann man aber keinesfalls ableiten, daß Männer oder Frauen eine bestimmte Handlung begehen oder nicht begehen *dürften*. Sondern allerhöchstens, daß in manchen Fällen manche Männer bzw. Frauen bestimmte Dinge tun oder nicht tun *wollen*.

Insofern gelten natürlich alle Aussagen und Vorschläge für Jungs *und* Mädels. Wenn sich bei unseren Recherchen herausstellte, daß bestimmte Aussagen tatsächlich geschlechterspezifisch sind, ist dies ausdrücklich vermerkt.

So scheinen tatsächlich Männer «Liebe» und «Sex» leichter auseinanderzuhalten und trennen zu können als Frauen. Aber er-

> «Bei Männern hat ein einmaliger, kleiner Seitensprung nichts mit dem Gedanken an Trennung zu tun. Aber die Wiederholung mit derselben Frau – das wäre für mich Untreue.»
> (Michael H., 29, Programmierer)

stens gibt es jede Menge Gegenbeispiele, und zweitens ist auch das erst mal weder ein Vorteil noch ein Nachteil, sondern bloß ein empirisch – also durch Erfahrung – gewonnener statistischer Wert. Ob der Mann oder die Frau, mit dem/der Sie es zu tun bekommen, die entsprechende Fähigkeit besitzt, wissen wir nicht.

Ich, du, er, sie, es – ein Wort in eigener Sache

Seit einigen Jahren gelten Artikel und Bücher nur noch dann als «politisch korrekt», wenn sie sich an «LeserInnen», «Leser/innen» oder gar «alle Leserinnen und Leser» wenden; findet dieser Sprachgebrauch keine Verwendung, sollte mann/frau lieber die Finger von dem Werk lassen, denn wer nicht politisch korrekt schreibt, kann gar nicht recht haben.

Wir sehen das anders: Selbstverständlich sind – wenn es nicht ausdrücklich vermerkt und/oder aus dem Zusammenhang eindeutig ersichtlich ist – immer Männer *und* Frauen gemeint. Das ist unsere Form der «politischen Korrektheit».

Darüber hinaus verwenden wir die Begriffe «Ehe», «Partnerschaft» und «Beziehung» weitgehend synonym. (Aber natürlich kann «Partnerschaft» oder «Beziehung» auch den Kontakt zu dem außerehelichen Partner bezeichnen.) Die Begriffe «Frau» und «Mann» müssen nicht zwangsläufig eine Ehe implizieren.

Im übrigen sehen wir keinen Sinn darin, sprachliche Regeln aufzustellen, die keiner braucht. Kurz: Wir meinen es so, wie's hier steht, und wollen uns mit niemandem auf Haarspaltereien einlassen.

Grundsätzlich finden wir: Was Männer dürfen, dürfen Frauen auch. Und umgekehrt. Aber: Warum nicht auch mal Rücksicht aufeinander nehmen?

Was wir wollen, was wir nicht wollen

Was wir wollen:
- anhand von Beispielen aufzeigen, worin Untreue bestehen kann
- untersuchen, wie es dazu kommt
- klären, ob – und wenn ja: warum – wir das so schlimm finden
- Ihnen Hilfestellung geben, die eigene Partnerschaft einzuschätzen, was die ausgesprochenen und unausgesprochenen Vereinbarungen hinsichtlich der Treue angeht
- bei der Entscheidung helfen, ob Sie eine Affäre beginnen wollen oder nicht
- Sie darüber informieren, mit welchen Schwierigkeiten und Risiken Sie gegebenenfalls konfrontiert werden
- Ihnen, falls Sie sich für einen Seitensprung entscheiden, praxiserprobte Tips geben, wie's höchstwahrscheinlich gutgeht und

- wie Sie einen Partner dazu finden
- wie Sie eine Affäre beginnen
- wann, wie und wo Sie sich treffen
- wie die besten Ausreden lauten
- wann und wie Sie die Sache lieber beenden sollten
- erklären, wie Sie am besten und angenehmsten mit und nach einem Seitensprung leben.

Was wir nicht wollen:
- eine Sexfibel für Kerle schreiben
- Ihnen einreden, Sie müßten unbedingt eine Affäre haben
- Ihre Ehe zerstören
- Ihren Kindern die Mutter oder den Vater nehmen
- Ihnen Tips für einen «flotten Dreier» verkünden.

> «Wer zweimal mit derselben pennt, gehört schon zum Establishment.»
> Alter 68er-Spruch.

Was haben Sie von diesem Buch?

Sie können dieses Buch also lesen, um sich darüber klarzuwerden:
- Will ich eigentlich eine Affäre haben (oder sollte ich z. B. lieber die Energie in meine Partnerschaft investieren oder diese besser gleich ganz beenden)?
- Wenn ja: Was für eine Art Affäre, und wie stelle ich es an? (Wenn nein, dann haben Sie dies im Wissen darum entschieden, welchen Streß und welche Risiken Sie meiden.)
- Was steht auf dem Spiel, und wie kann ich das Risiko minimieren?
- Warum ist mein Mann oder meine Frau in letzter Zeit eigentlich immer so komisch? (Auch das könnte Ihnen beim Lesen klarwerden ...)

Vorher aber eines noch: Dieses Buch wendet sich an einigermaßen gesunde Durchschnittsmenschen. Wenn Sie oder Ihr (Ehe-)Partner ein gesundheitliches – körperliches oder psychisches – Problem haben, das sich auf Ihre Beziehung auswirkt, z. B. eine Geschlechtskrankheit oder ein Gewaltproblem – wie Mißhandlung, Vergewaltigung, Erpressung zum Sex –, dann suchen Sie sich bitte individuelle Hilfe, etwa über die offiziellen Beratungsstellen, deren Telefonnummern Sie in den Branchenfernsprechbüchern finden! Ihnen kann unser Buch nicht dienlich sein!

Außerdem können Sie sich natürlich aufgrund Ihrer ganz persönlichen Situation Probleme aufhalsen, die der übrigen Bevölkerung unbekannt sind. So werden beispielsweise der spanische König und sein Sohn, der Kronprinz Felipe, angeblich wegen ihrer chronischen Neigung zu Seitensprüngen von ihrem eigenen Geheimdienst ständig telefonisch überwacht – ein Schicksal, das nur den wenigsten bürgerlichen Treulosen blühen könnte.

Wir können und wollen Ihnen nicht vorschreiben, wie Ihr Leben auszusehen hat. Wir können nur – mit Ihnen gemeinsam – ein Tabuthema erforschen, von dem man zweifelsohne mehr hat, je mehr man – vorher! – darüber weiß.

Was unterscheidet dieses Buch von anderen Ratgebern?

Wir haben den Therapeutenjargon anderer Ratgeber («In meiner langjährigen Praxis als Psychoanalytiker mußte ich leider immer wieder feststellen, daß ...») vermieden. Es geht um Spaß, also soll es sich auch so lesen.

Und es gibt noch einen weiteren Unterschied zu anderen Büchern und Artikeln zum Thema: Wir wissen auch nicht, was richtig ist. Jedenfalls können wir keinen zwingenden Grund dafür erkennen, daß eine 42jährige Managerin nun eine Affäre haben müßte oder eben gerade nicht, wie es manche Frauenzeitschriften immer wieder postulieren. Wir geben keine Glücksgarantien – aber wir verurteilen auch nicht.

Das behaupten natürlich viele. «Ich gebe kein Pauschalurteil darüber ab, ob Affären als solche gut oder schlecht sind», erklärt etwa die Paartherapeutin Janis Abrahms in der Einleitung ihres Buches «Treuebrüche – Die kreative Aufarbeitung des Seitensprungs».[4] Aber nur, um knapp 50 Seiten später von «Ihrem Doppelleben, Ihrem häßlichen Selbst»[5] zu sprechen und bis zum Ende des Buches hindurch die Position zu vertreten: «Sie [haben] Ihrem Partner unrecht getan»[6]! Eine legitime Position, mag sein – aber eben doch ein eindeutiges Pauschalurteil darüber, ob Affären als solche gut oder schlecht sind.

Vielleicht wird Sie im Verlauf der Lektüre dieses Buches das Gefühl beschleichen, wir hielten nun im Gegenteil Seitensprünge für ein Allheilmittel. Dem ist nicht so. Aber es kann natürlich sein, daß für Sie – für Sie ganz persönlich – zu einer bestimmten Zeit an einem bestimmten Ort in einem bestimmten Kontext ein Seitensprung vollkommen richtig und angemessen ist. Unsere Position *dazu* jedenfalls ist klar und eindeutig: Warum nicht?!

Denn eine außereheliche Erfahrung kann Ihnen vielleicht (körperliche und vor allem emotionale) Eindrücke bieten, die Sie sonst nie erlebt hätten. Viele Ärzte und Naturheilkundler stellen immer wieder fest, daß Menschen im Leben nichts zustößt, was sie nicht in irgendeiner Weise wachsen läßt. Ob diese Reise in Ihre eigene Zukunft nun darin besteht, sich dem Taumel der Triebe hinzugeben oder durch Verzicht innerlich zu reifen – wer vermag das zu sagen? Wir nicht.

Wir halten beides für möglich.

Unsere Grundeinstellung ist, einen Seitensprung nicht zu verteufeln, sondern wie so vieles andere als einen selbstverständlichen Ausdruck von Lebendigkeit anzusehen.

Sie werden unzählige Bücher darüber finden, wie Sie Ihre Ehe retten können. Wie Sie nicht zuviel und nicht zuwenig lieben. Wie Sie sich genau richtig verhalten, damit alles gut wird.

Aber es gibt Zeiten im Leben, da gilt all das nichts. Da drehen Lust und Liebe und die Triebe mit Ihnen durch. In Ihrem Bekanntenkreis werden Sie dann vielleicht irgend jemanden finden, der schon einen Seitensprung hinter sich hat (kein Wunder, immerhin sollen bis zu 70 Prozent aller Erwachsenen schon mal fremdgegangen sein), und der oder die dazu steht und Ihre Wünsche nicht verteufelt.

Das Problem besteht bloß darin, daß Ihr Bekanntenkreis meist nicht gerade geeignet ist, um eine Affäre auszudiskutieren, die geheim bleiben soll.

Deshalb haben wir dieses Buch geschrieben. Wir lassen Sie nicht im Stich. Wir stehen das mit Ihnen durch. Wir brechen ein Tabu und schauen uns das Thema Treue/Untreue einmal von der anderen – der vergnüglichen, der anstrengenden, der lebensfrohen und atemberaubend riskanten – Seite aus an.

Vom Wunsch zum Vollzug

«Ich bin meiner Frau in genau dem Augenblick untreu geworden, als ich das Wechselgeld für die Packung Kondome entgegennahm», berichtet beispielsweise Martin Sengelmann (27), Angestellter einer Plattenfirma. «Klar habe ich vorher immer mal wieder an andere Frauen gedacht, aber das war der Augenblick, in dem mir klar wurde: Du willst deine Frau betrügen, du weißt, mit wem, und du hoffst auf die Gelegenheit. Ich habe meine Unschuld verloren. Von diesem Augenblick an war es Vorsatz.»

Den Unterschied zwischen Zufall und Vorsatz machten viele unserer Gesprächspartner. Da packen Frauen ihren Männern durchaus vor der Geschäftsreise noch Kondome ins Waschtäschchen, «nur für den Fall der Fälle», und sie versichern ganz ernsthaft: «Natürlich habe ich hinterher geguckt, ob sie noch da waren, und jedesmal war ich erleichtert. Aber ich hätte auch keine Szene gemacht, wenn ein oder zwei gefehlt hätten. Dann hätte ich wahrscheinlich einfach welche nachgelegt, und wenn er die das nächstemal alle wieder mitgebracht hätte – Schwamm drüber.»

Schließlich ist uns allen klar: Der One-night-Stand auf der Geschäftsreise kann auch den Edelsten erwischen. Da muß nur der Deal am Mittag schiefgegangen sein, und schon ertränkt der Held seine Sorgen in Alkohol und den Blicken der Barnachbarin.

Wobei die Sache mit den Kondomen einen Haken hat: Obwohl nahezu alle Männer wissen, wozu die Dingerchen da sind, benutzt sie nach wie vor kaum einer. Weder in einer monogamen Beziehung als Verhütungsmethode noch beim Seitensprung als Schutz vor Aids und Geschlechtskrankheiten. Doch dazu später mehr.

Vorsatz also. Das war der Anfang für Martin Sengelmann.

Oft holen sich Partner vor dem Seitensprung noch – offen oder hinterrücks – das Okay des Lebenspartners. «Ich habe meinen damaligen Mann ausdrücklich gewarnt», berichtet beispielsweise die Versicherungsangestellte Simone Kurz (38). «Wir waren gerade erst nach Hamburg gezogen, er hatte einen neuen – sehr arbeitsintensiven – Job, und ich saß zu Hause und fühlte mich vernachlässigt. Da habe ich ihm eines Tages gesagt: Wenn du dich nicht mehr um mich kümmerst, schaue ich mich anderweitig um!»

Im Urlaub mit Champagner und Bekanntschaft ins Bett

Ähnlich verhielt sich der Buchhändler Alf von Rehren (49). «Meine Frau drängte mich immer, doch mal alleine Urlaub zu machen. Ich wollte eigentlich nicht, aber gut. Unsere Ehe war damals in einem Tief, und vielleicht hoffte sie, ich würde im Urlaub auf andere Gedanken kommen und hinterher mit frischem Schwung die Schwierigkeiten angehen. Auf andere Gedanken kam ich ... Schon am ersten Abend lernte ich eine nette junge Frau kennen, und am zweiten Abend landeten wir mit einer Flasche Champagner im Bett!»

Martin Sengelmann hatte von vornherein ein konkretes Objekt der Begierde ins Auge gefaßt und setzt sogar Entscheidung und Vollzug gleich: «Das gilt natürlich nicht allgemein, aber in meinem Fall ist es ganz klar. Ich empfand mich ab dem Kondomkauf als untreu – ich war sozusagen bereits untreu gewesen, bevor die auserkorene Dame überhaupt etwas von meinem Interesse erfuhr. Daß sie mitmachte und es somit auch zum Vollzug kam, war natürlich schmeichelhaft und schön, aber nicht entscheidend. Daraus resultierten nurmehr logistische und organisatorische Probleme. Das mit der Moral hatte ich für mich schon längst vorher geklärt.»

Alf sieht das anders. «Wäre auf der Reise dann nichts passiert, wäre ich natürlich auch nicht untreu gewesen», findet Alf. «Ich war bereit dazu. Aber wer, bereit zum Joggen, seine Laufschuhe anzieht und dann doch vor dem Fernseher sitzen bleibt, der war schließlich auch nicht joggen, oder?»

Simone ist ähnlicher Ansicht. «Ich hatte dann tatsächlich eine Affäre mit einem – übrigens ebenfalls verheirateten – Mann, den ich im Museum kennengelernt hatte, bei einer Führung. Aber hätte ich den dort nicht getroffen, wäre ich auch nicht (oder jedenfalls erst zu einem anderen Zeitpunkt) untreu gewesen.»

Treue erwartet fast jeder – obwohl das unrealistisch ist

Fast jeder von uns erwartet Treue, die meisten versprechen sie sogar – mehr oder weniger ausdrücklich. Aber zugleich ist fast allen klar, daß Treue – zumal lebenslange Treue – im Angesicht der Wirklichkeit nicht mehr ist als ein frommer Wunsch.

Das ist sogar verständlich, betrachtet man einmal die geschichtliche und soziale Entwicklung auch nur der letzten hundert Jahre.

Einst gab es nur Versorgerehen, und durch Kriege, Seuchen und andere Katastrophen hielt kaum eine Ehe länger als zwanzig bis dreißig Jahre – selbst wenn sie früh geschlossen wurde und andauerte, bis daß der Tod sie schied.

Hinzu kommt, daß schlicht und ergreifend die Ansprüche geringer waren: Essen, ein Dach über dem Kopf und wenig Prügel, das war schon nicht schlecht für eine Frau. Der Mann erwartete im Gegenzug warme Mahlzeiten und Geschlechtsverkehr. (Natürlich gab es auch damals – wie schon Hunderte und Tausende von Jahren zuvor – andere Ansichten über die Ehe, aber sie waren nicht sehr weit verbreitet.)

Seitdem hat sich viel geändert: Frauen sind nur noch in den seltensten Fällen auf den Mann als Versorger existentiell angewiesen. Wir wollen keinesfalls bestreiten, daß man – und leider immer noch insbesondere frau – ohne den Partner auch im heutigen Deutschland noch ins Elend stürzen kann. Aber: Es ist für Frauen wenigstens sehr viel leichter geworden, unabhängig von einem (bzw. ihrem) Mann zu überleben, sogar mit Kindern.

Frauen sind in jeder Hinsicht unabhängiger als früher

Hinzu kommt, daß Frauen häufiger einen Beruf ausüben als früher, also über ein eigenes Einkommen verfügen, das – nicht immer, aber immer öfter – sogar zum (Über-)Leben ausreicht. Segensreich sind natürlich auch die Zugewinngemeinschaft und das Rentensplitting.

Frauen sind somit unabhängiger als früher und können es sich «leisten», andere Ansprüche als einstmals zu stellen.

Es gibt noch einen weiteren Aspekt, unter dem man «lebenslange Treue» heute im Gegensatz zu früher sehen muß. Dr. Patrick McIntyre von der Universität Baltimore: «Vor 100 Jahren starben noch viele Frauen z. B. an Kindbettfieber, bevor sie 40 waren, Männer waren mit 50 abgearbeitet. Für die Lebensspanne des heutigen Menschen ist Monogamie allein schon deshalb nicht mehr zeitgemäß. In jeder zehnten Ehe spielt zum Beispiel Sex keine Rolle mehr – aber nur ganz selten, weil beide Partner das so möchten.» [7]

Das Schlagwort unserer Zeit lautet daher: Beziehungsarbeit!

Und die ist genau, was der Name verheißt: Arbeit. Arbeit macht keinen Spaß. Und *keinen* Spaß haben wir alle tagtäglich schon genug.

Wir wollen aber Spaß, Vergnügen, Lust. Und zwar nicht unbedingt, indem wir von Beziehung zu Beziehung zu Beziehung hecheln und mit unseren immergleichen Psychotherapeuten die immergleichen Fragen durchkauen. (Manchmal möchte man meinen, der gesamte Liebespaarbestand des deutschsprachigen Raumes könnte sich zu einer einzigen großen Gruppensitzung versammeln, so sehr ähneln sich die Themen.)

Also stellen wir fest: Es ist *legitim*, in und mit einer Beziehung unzufrieden zu sein. Und wir können keinen zwingenden Grund erkennen, weshalb diese Beziehung demnach sofort und ein für allemal zu beenden wäre.

Serielle Monogamie ist nicht das, wonach wir uns sehnen

Das berühmte Alternativ-Beispiel ist der Mann, der sechsmal nacheinander verheiratet war und stolz verkündet: «Jeder meiner Frauen war ich absolut treu.» Ob es ihn gibt, oder ob diese Story die Erfindung eines übereifrigen Zeitschriftenredakteurs ist: egal. Diese Art der Treue – serielle Monogamie – ist Treue ohne Wert.

«Ist doch klar, ein Mensch alleine kann doch gar nicht alle meine Bedürfnisse abdecken», gibt die Studentin Marion Toppermann (26) zu. «Da soll ein Kerl erfolgreich sein, seinen Lebensweg durchziehen und gleichzeitig mich auf Händen tragen, auch mal Macho sein, seine Hemden selber bügeln, mir jeden Wunsch von den Augen ablesen, ganz eigenständig bleiben und im Bett 'ne Wucht sein, aber nur wenn mir gerade danach ist? Was für'n Quatsch! Und umgekehrt natürlich auch. Ich kann das jedenfalls nicht leisten.»

Eifersüchtig aber sind wir nur seltenst auf die Sportfreunde und Damenkränzchenbesucherinnen, mit denen sich alles so gut bequatschen läßt. Eifersüchtig sind die meisten von uns erst, wenn es um Sex geht.

«Mir macht das einfach Angst», sagt Marion. «Ich selber hatte schon kurze Affären, wenn ich im Ausland war und es sich so ergab. Ich habe es aber nie darauf angelegt. Bloß: Wenn er sich das erlauben würde – nee, das wäre meine Sache nicht. Allerdings habe ich meine Geschichten auch für mich behalten, um ihn nicht zu verletzen.»

Hat die «offene Ehe» also ausgedient?

Die offene Ehe – was das wirklich heißt

Nena und George O'Neill stellen in ihrem Buch «Die offene Ehe» ein «Konzept für einen neuen Typus der Monogamie» vor. «Der Unterschied zwischen der traditionellen Ehe und der offenen Ehe ist der Unterschied zwischen Zwang und Entscheidung», heißt es. Im Mittelpunkt steht für das Anthropologen-Ehepaar O'Neill, daß jeder Partner sich selbst und seine Wünsche kennen und respektieren muß. Keiner solle dem anderen dienen, untergeordnet sein. Es geht um die Loslösung von althergebrachten Mustern, die den Menschen nicht gemäß seien. Die «offene Ehe» ist allen Eindrücken von außen gegenüber aufgeschlossen, insbesondere auch denen, die ein Partner allein erfährt (und dann mit dem anderen teilt). Die O'Neills stellen fest: «Liebe ist ein Gefühl», die «romantische Liebe ist ein irrationales Erbe», «der Mensch ist nicht von Natur aus monogam», und schließlich: «Natürlich können Außenkontakte auch sexuellen Kontakt einschließen. Die Entscheidung darüber liegt einzig und allein bei dem betreffenden Partner. Wenn Partner, die in einer offenen Gemeinschaft leben, auch außerhalb ihrer Ehe sexuellen Kontakt haben, dann geschieht das auf der Basis ihrer eigenen Beziehung zueinander. Da sie die reife Liebe kennen, einander wirklich vertrauen und fähig sind, aus sich herauszugehen und auch andere Menschen zu lieben, können sie diese Liebe und dieses Vergnügen zurück in die eigene Ehe bringen, ohne Eifersucht zu erregen.»

Liest man – nur – das, kommt man sich vielleicht vor wie in einem Beziehungsfilm von Woody Allen. Aber Nena und George O'Neill bereiten in ihrem Buch ausführlich eine Basis für diese These, und dabei geht es nur in sehr geringem Maße um Sex.

Dazu gilt es erst einmal, das Prinzip der offenen Ehe zu erklären. Denn was die meisten unserer Gesprächspartner (und, zugegeben: bis vor kurzem auch wir) darunter verstanden, ist nun geradewegs das Gegenteil dessen, was Nena und George O'Neill in ihrem berühmten Buch «Die offene Ehe» [8] postulieren (siehe Kasten).

Wild durch die Gegend zu vögeln bringt kein Seelenheil

Egal, ob man dem Konzept nun zustimmt oder nicht: Eindeutig ist, daß hier eben gerade nicht empfohlen wird, wild durch die Gegend zu vögeln, weil der moderne Mensch das angeblich nun mal braucht (insbesondere Männer verstehen unter einer «offenen Ehe» nämlich auch gern, daß es von vornherein völlig okay sei, ihre beste Freundin oder seinen besten Freund – oder beide zugleich – mit ins Ehebett zu holen).

Nichtsdestotrotz ist klar: Tatsächlich kann ein Mensch einem anderen Menschen nicht immer alles geben, was der oder die braucht. Und er erhält von seinem Partner oder seiner Partnerin natürlich auch nicht immer alles, was er gerade braucht.

Was also tun?

Manche Sachen lassen sich prima besprechen, bei anderen wahren die meisten von uns schon nicht mehr das Verhältnis von Aufwand und Wirkung (Wie oft wollen Sie ihm denn noch sagen, wann/wie/wo er Sie streicheln soll, damit die multiple Orgasmuswelle über Sie hinwegbrandet?), und manche Dinge lassen sich unserer Meinung nach eigentlich gar nicht vernünftig besprechen: «Liebling, dein Penis ist zu klein, was medizinisch kein Problem ist, aber weil mein Vater mich früher immer angeschrien hat, bloß weil ich meinen Pudding nicht essen wollte, stehe ich auf große Schwänze und kriege deshalb bei dir keinen Orgasmus, bei Peter aber schon, weil der zwar gehirnmäßig knapp unterhalb einer Schlange rangiert, aber eine Riesengurke hat; mach dir nichts draus, Schatz, ich liebe dich schließlich ganz genau so, wie du bist.»

Was, bitte, soll das bringen?!

Sie müssen für Ihren Partner mitentscheiden

Manchmal ist eben handeln angesagt und nicht palavern. Zum Beispiel bei einem Seitensprung.

Wann das der Fall ist, werden Sie ganz allein entscheiden müssen. Denn darüber werden Sie sich mit Ihrem Partner oder Ihrer Partnerin wohl kaum einig werden. («Gut, geh zu ihr, und du darfst auch mit ihr schlafen, aber du mußt mir fest versprechen, die ganze Zeit nur an mich zu denken.» Haha.)

Es gilt also zu überlegen:

* Wo beginnt für Sie ein Seitensprung, bzw. was ist für Sie Untreue?
* Was versteht wohl Ihr Partner darunter, zumindest so ungefähr?
* Sind Sie bereit, sich im Geiste auf einen Seitensprung einzulassen?
* Sind Sie bereit, sich körperlich darauf einzulassen?
* Wie wollen Sie sich im jeweiligen Stadium Ihrem Partner gegenüber verhalten?

Damit Sie sich Ihrer Vorstellungen von Untreue oder Seitensprung langsam bewußter werden, haben wir Ihnen zur Hilfestellung ein paar Anregungen und Beispiele zusammengestellt. Untreue bedeutet:

* mit jemand anderem ausgehen
* sich mit jemand anderem gut/sehr gut verstehen
* mit jemand anderem knutschen
* jemand anderen streicheln
* beim Onanieren/Masturbieren von jemandem phantasieren, den man persönlich kennt
* beim Onanieren/Masturbieren von jemandem phantasieren, den man nicht persönlich kennt und höchstwahrscheinlich auch nie kennenlernen wird (z. B. Pamela Anderson oder Brad Pitt)
* überhaupt zu onanieren, also wirklich!
* mit jemand anderem ins Bett gehen
* sich in jemand anderen verlieben
* sich vorstellen, sich in jemand anderen zu verlieben
* sich wünschen, mit jemand anderem ins Bett zu gehen
* sich wünschen, sich in jemand anderen zu verlieben
* konkrete Vorbereitungen für ein sexuelles Abenteuer treffen (z. B. Hotelzimmer mieten, Kondome kaufen)
* One-night-Stand auf der Geschäftsreise
* bezahlte «Liebe»: Bordellbesuch, Call-Boy-Service u. ä.
* mit jemandem auf einer Party flirten
* mit jemandem auf einer Party flirten, während der Partner und/oder gemeinsame Freunde zusehen
* Fremd-Sex auf einer Reise, bzw. während der Partner länger abwesend ist (Studienaufenthalt o. ä.)
* Fremd-Sex, während der Partner über längere Zeit keinen Sex/anderen Sex wünscht (z. B. nach einer Geburt, während einer Depression)
* Fremd-Sex, den der Partner als abartig empfindet und ablehnt.

Als allgemein anerkannt gilt, Untreue-Phantasien nicht mitzuteilen (wobei andererseits in zahlreichen Psychoratgebern empfohlen wird, gerade dies zu tun, um auf den Problembereich innerhalb der Partnerschaft aufmerksam zu machen). Aber wollen Sie etwas sagen – und wenn ja, was? Oder wollen Sie es verheimlichen – und wenn ja, wie? (Mehr dazu in Kapitel 6: «Reden ist Silber ...»)

Bewußt sollte Ihnen jedenfalls sein und bleiben: Sie entscheiden – gerade beim Thema Untreue – vieles für Ihren Partner mit. Selbst die Entscheidung, treu zu bleiben und Ihre Wünsche zu verdrängen oder zu unterdrücken, fällen *Sie allein*. Für keine dieser Entscheidungen ist Ihr Partner verantwortlich zu machen! Und auch nicht für die Konsequenzen daraus, z. B. Ihre Unzufriedenheit.

Wenn Sie diese Last nicht tragen können, vergessen Sie die ganze Sache am besten gleich. Halten Sie sich an den aktuellen Trend, halten Sie sich fern von individuellen Ansichten, und Sie werden immer mit dem Strom schwimmen. (Auch das ist übrigens ganz allein Ihre Entscheidung.)

Also: Wenn Sie «Ihren Spaß haben wollen» – bitte sehr, bitte gleich. Wir helfen gern. Nur die Verantwortung dafür, dieser Meinung sind wir schon, die sollten und müssen Sie übernehmen. Sie ganz allein.

Aber das wollen Sie ja auch.

Denn Sie und alle, mit denen Sie es zu tun haben, sind erwachsen und alt genug, um für die Konsequenzen ihres Handelns einzustehen.

Und deshalb lesen Sie weiter. Viel Spaß dabei!

Zusammenfassung

(Körperliche) Untreue zu Ihrem Partner kann ein Ausdruck Ihrer Treue zu sich selbst sein.

Untreue besteht darin, daß ein – ausgesprochener oder un-ausgesprochener – «Beziehungsvertrag» einseitig gebrochen wird.

Was Männern erlaubt ist, muß auch Frauen erlaubt sein. Und zwar sinngemäß entsprechend.

Seitensprünge sind nicht grundsätzlich verwerflich. Der Wunsch nach sexueller Abwechslung ist legitim.

Die Verantwortung für Ihr Handeln und Ihre Entscheidungen müssen Sie ganz allein übernehmen.

Sie müssen möglicherweise Entscheidungen für Ihren Partner mit treffen – über seinen/ihren Kopf hinweg. Oder Sie müssen sich entscheiden, darauf lieber zu verzichten.

2. Fakten, Fakten, Fakten?
Zahlen, Daten und Statistiken zum Thema «Seitensprung»

*Im folgenden Abschnitt präsentieren wir Ihnen viele
Zahlen zum Thema Untreue. Zahlen, die aus den
verschiedensten Quellen stammen und mit den unterschiedlichsten Absichten erfragt wurden. Zahlen,
die unterhaltsam sind und zumindest eines ganz eindeutig beweisen: Sie sind mit Ihrem Nachdenken
über Seitensprünge keineswegs allein!*

Hier nun einige Zahlen, Daten und möglicherweise sogar
Fakten zum Thema Untreue: Sie stammen – wenn nicht
ausdrücklich anders angegeben – aus den Jahren 1995
bis 1997 und beziehen sich auf den deutschsprachigen Raum. Da
diese Daten aus verschiedenen Umfragen stammen und nach unter-
schiedlichen Systemen ermittelt wurden, widersprechen sie sich gelegentlich. Wir fanden die Ergebnisse aber interessant genug, um
Ihnen das zuzumuten.

Was ist Untreue?

- intensiver Blick in fremde Augen (9 Prozent Frauen, 5 Prozent
  Männer; *Forsa 9/95*)
- enge gefühlsmäßige Bindung zu jemand anderem (19 Prozent;
  Inra 7/96)
- Flirten (16 Prozent Frauen, 18 Prozent Männer; *Forsa 9/95*). Immerhin 79 Prozent der 18- bis 25jährigen halten bereits Flirten
  für einen Treuebruch (*Cosmopolitan 12/94*)
- Austausch von Zärtlichkeiten wie Küssen, Streicheln (27 Prozent; *Inra 7/96*)
- mit jemand anderem ins Bett gehen, Sex – zwischen 48 (*Inra
  7/96*) und 65 Prozent (*Forsa 9/95*).

Wer und wie oft?

- 58 Prozent der Frauen und 70 Prozent der Männer in Deutschland sind oder waren untreu, ergab eine Umfrage[9] in den achtziger Jahren.
- 70 Prozent der verheirateten deutschen Bevölkerung ist derzeit untreu.[10]
- 66 Prozent der Italienerinnen, aber nur 32 Prozent der Italiener(!) gehen fremd, besagt eine Umfrage aus den Achtzigern.[11]
- Mindestens jede dritte Frau mit festem Partner hatte schon mindestens eine Affäre (*Für Sie 8/96*).
- Unter sieben Ehen gibt es im Durchschnitt nur eine mit *zwei* treuen Partnern. Sechs von sieben Ehen haben also irgendwann – offen oder heimlich – ein «Untreueproblem».[12]
- Etwa 50 Prozent der befragten Frauen und 70 Prozent der Männer sind während einer festen Beziehung mindestens einmal fremdgegangen (*Cosmopolitan 12/94*).

Doppelmoral

- 70 Prozent aller über fünf Jahre verheirateten Amerikanerinnen hatten bereits außerehelichen Geschlechtsverkehr. Aber: Fast alle von ihnen verlangten von ihrem Partner Monogamie. Das ermittelte Shere Hite 1990.[13]
- «Unbedingte Treue» erwarteten 1994 rund 80 Prozent aller Deutschen von ihrem Partner bzw. ihrer Partnerin.[14]
- Auch wenn man verheiratet ist, darf man «ab und zu» fremdgehen, finden 3 Prozent der Frauen und jeder zehnte Mann.
- Freundschaft aber finden 15 Prozent aller Frauen und 20 Prozent der Männer in einer Beziehung wichtiger als sexuelle Treue (*Gala 38/95*).

Wer und wann?

- Männer sind vor allem zwischen 20 und 26, mit Mitte/Ende Dreißig sowie ab Ende Vierzig untreu.[15]
- Männer beginnen außereheliche Liebschaften häufig um das dritte Ehejahr herum sowie nach 5 bis 8 Ehejahren und nach 12 bis 15 Ehejahren.[16]

- «Noch nie» fremdgegangen waren 1985 nur 34 Prozent der befragten Männer, zehn Jahre später 38 Prozent; bei den Frauen stieg die Quote von 51 Prozent auf 54 Prozent (*Gala 14/96*).
- Die meisten Frauen gehen zur Zeit der höchsten Empfängniswahrscheinlichkeit fremd. Das gilt sowohl für einfache Seitensprünge als auch für «Doppelkopulationen», bei denen Geschlechtsverkehr mit dem festen Partner und einem Dritten in kurzem Abstand erfolgt.[17]

Gute Gründe?

- Es liegt in der Natur des Mannes fremdzugehen, meinen 36 Prozent der Befragten (*Focus 32/96*).
- Es liegt in der Natur der Frau fremdzugehen, glauben dagegen in derselben Studie nur 4 Prozent.
- Mit ihrer Partnerin «rundherum zufrieden» sind nur 10 Prozent aller 20- bis 30jährigen Männer (*yoyo 11/96*).
- 42 Prozent aller fremdgehenden Frauen wollen «verwöhnt» werden (*Cosmopolitan 12/96*).
- 30 Prozent der Frauen, die eine Affäre haben, suchen «Abwechslung und Abenteuer» (*Cosmopolitan 12/96*).
- «Meine Frau/Freundin trägt selten oder nie Reizwäsche», monieren 85 Prozent junger Männer zwischen 20 und 30 (*yoyo 11/96*).
- Frauen, die ihre Beziehung als «ausgewogen und gerecht» empfinden, gehen kaum fremd (*Für Sie 8/96*).

> «Treue ist möglich – aber möglich ist vieles. Ich bin für die offene Ehe. Alles andere ist heute doch nicht mehr zeitgemäß.» (Karin G., 32, Journalistin)

- 80 Prozent der Frauen vermissen bereits nach wenigen Jahren *jegliches* Interesse ihres Mannes an Ihrer Gedanken- und Gefühlswelt, ergab eine Umfrage von 1986.[18]
- Nach sechs Jahren Ehe hätten 1988 82 Prozent der Männer ihre Frau erneut geheiratet, aber nur 48 Prozent der Frauen ihren Mann.[19] Nach sechs Jahren Ehe sprachen die Partner 1991 im Schnitt täglich noch neun Minuten miteinander.[20]
- Mangelnde Zärtlichkeit und das Gefühl, «mal ausbrechen zu müssen», sind für 75 Prozent der befragten Frauen Hauptgrund für einen Seitensprung (*Für Sie 8/96*).

- 29 Prozent untreuer Frauen reizt der Partner nicht mehr, 22 Prozent sind neugierig, 20 Prozent einsam, 17 Prozent wollen sich rächen, 14 Prozent lockt der Reiz des Verbotenen und 14 Prozent finden: ein Mann reicht sexuell nicht aus (*Cosmopolitan 12/96*).
- 83 Prozent der jungen deutschen Männer (zwischen 20 und 30) möchten «mit einer Frau bis ans Lebensende glücklich sein» – «Glück» aber heißt für sie: Liebe, Familie mit zwei Kindern und eine attraktive Frau, die im Bett ein Vulkan und darüber hinaus pflegeleicht ist (*yoyo 11/96*).

Gefährliche Liebschaften

Amerikanerinnen zwischen 17 und 29, so schrieb die Zeitschrift *Petra (2/95)*, träumten 1994 heimlich von Liebe mit
- einem völlig Unbekannten (61 Prozent)
- einem viel Jüngeren (57 Prozent)
- dem Freund der Freundin (53 Prozent)
- dem Lehrer (25 Prozent)
- dem Chef (19 Prozent)
- einem sozialen Underdog (17 Prozent)
- einem Pfarrer oder Mönch (11 Prozent).

Beichten oder Schweigen?

- 65 Prozent aller Jungs zwischen 20 und 25 halten die bedingungslose Offenheit der Partnerin gegenüber für den besten Weg (*yoyo 11/96*).
- 54 Prozent junger Männer zwischen 26 und 30 Jahren glauben, einen Seitensprung sollte «mann» lieber für sich behalten (*yoyo 11/96*).
- 82 Prozent Männer lügen, um einen Seitensprung zu verheimlichen, wurde 1994 ermittelt. Frauen hingegen, so ergab dieselbe Umfrage, lügen viel häufiger, wenn es um ihr Körpergewicht oder Shoppingpreise geht. Einer Affäre wegen log nur jede zweite (*Cosmopolitan 12/94*).

Konsequenzen

- Eine Affäre halte ich für unerträglich, würde mich trennen, sagen 20 (*Inra 7/96*) bis 58 Prozent (*Forsa 9/95*) der verheirateten und sogar 63 Prozent (*Gala 38/95*) der unverheiratet zusammenlebenden Paare!
- Ein einmaliger Ausrutscher wäre tolerierbar, meinen 44 Prozent der Frauen und 29 Prozent der Männer (*Inra 7/96*).
- Wenn ich selbst schon fremdgegangen wäre, könnte ich auch einen Seitensprung meines Partners akzeptieren, so 23 Prozent der Frauen und 16 Prozent der Männer (*Inra 7/96*).
- Wenn er/sie fremdgegangen ist, würde ich auch fremdgehen, entschieden immerhin 5 Prozent aller 14- bis 29jährigen (*Forsa 9/95*).
- Wenn meine Ehe sowieso nur noch auf dem Papier besteht, wäre ich mit einem Seitensprung des Partners einverstanden, sagten 53 Prozent der Frauen und 50 Prozent der Männer (*Inra 7/96*).
- Wenn der Partner glaubt, sexuelle Abwechslung zu brauchen – bitte sehr, meinten 8 Prozent der Frauen und 10 Prozent der Männer (*Inra 7/96*).
- Ein Seitensprung kann die Partnerschaft durchaus beleben – das glaubt jeder vierte Mann zwischen 20 und 30 (*yoyo 11/96*).
- Eine Blutanalyse ergab 1994 in den USA: Jedes zehnte Kind stammt nicht vom Ehemann der Mutter. Einer von mehreren möglichen Gründen: Frauen werden von ihrem Lover eher schwanger als vom Gatten, weil sie bei dem Geliebten häufiger einen Orgasmus haben, woraufhin mehr Spermien in ihrem Körper bleiben, vermutet Dr. Robin Baker von der Manchester University (*Cosmopolitan 11 und 12/94*).

One-night-Stand oder Daueraffäre?

- 40 Prozent der außerehelichen Partnerschaften bestehen zwei bis fünf Jahre lang;
- 22 Prozent der Affären dauern etwa ein Jahr;
- 35 Prozent der Seitensprünge dauern über einen und bis zu sechs Monaten;
- nur 24 Prozent aller Affären halten weniger als einen Monat, schrieb die Zeitschrift *Cosmopolitan* im Dezember 1996.

Liebe light statt Liebesleid?

- 60 Prozent aller Seitenspringerinnen waren verliebt;
- 44 Prozent untreuer Frauen waren nach einem Seitensprung «vollkommen glücklich»;
- 47 Prozent der Frauen, die einen Seitensprung begingen, fühlten sich danach schlechter als vorher; 33 Prozent hatten Gewissensbisse, 16 Prozent schämten und 8 Prozent ekelten sich (*Cosmopolitan* 12/96).
- 44 Prozent der Frauen fühlten sich nach einer Affäre selbstbewußter, begehrenswerter, zufriedener (*Für Sie 8/96*).

Wann und wo?

- Liebe am Arbeitsplatz – egal, ob als Affäre oder nicht – lehne ich ab, meinten 55 Prozent der Frauen und 46 Prozent der Männer;
- Liebe am Arbeitsplatz – warum nicht, wenn zwei sich mögen? sagten dagegen 33 Prozent der Befragten (*Inra 1/97*).

Andere Länder, andere Sitten

- In allen Kulturen, die den Ehebruch überhaupt verurteilen, wird der Seitensprung einer Frau viel schärfer mißbilligt und bestraft als der eines Mannes, fand die Anthropologin Suzanne Frayser 1994 heraus. Sie stellte außerdem fest:
- Von 1154 vergangenen und gegenwärtigen Kulturen der Menschheitsgeschichte haben über 1000 nachweislich zumindest den Männern gestattet, mehr als eine Frau zu haben (*Stern 34/94*).
- 708 von 853 im Jahre 1949 untersuchten menschlichen Gesellschaften erlaubten Polygamie – meist den Männern. Nur 0,5 Prozent dieser Gesellschaften ließen Polyandrie zu, also mehrere Männer für eine Frau (*Geo 1/97*).

Und was lernen wir daraus?

Erst mal – und vor allem durch die Widersprüchlichkeit dieses Ergebnisses – zumindest zweierlei:

- Wer seinen Partner belügt, ist durchaus fähig, auch einen Meinungsforscher zu belügen.
- Trau keiner Statistik, die du nicht selbst gefälscht hast.

Darüber hinaus sind die Ansätze der hier nebeneinandergestellten Umfragen sehr unterschiedlich: Mal hieß das Thema «Treue ist im Trend», mal ging es um «Das Liebesverhalten junger Männer», dann wieder sollten sich erfolgreiche Geschäftsfrauen doch einfach nehmen, was sie zu brauchen glauben. Mal wurden anonym Fragebogen beantwortet, mal stellten Interviewer die Fragen persönlich.

Insofern stützen die gesammelten Ergebnisse eigentlich nur eine These: Menschen sind untreu, sie begehen Seitensprünge, und darüber hinaus weiß eigentlich keiner so recht Bescheid.

Aber alle sind neugierig. Also laden wir Sie herzlich ein, mit uns gemeinsam die Statistik zu ergänzen – durch Ihr Leben und Ihre ganz privaten Erfahrungen!

Zusammenfassung

Umfragen ergaben:

- *Die meisten Menschen verstehen unter «Untreue» den Geschlechtsverkehr mit einem/einer anderen als dem festen Partner oder der Partnerin.*

- *Mindestens die Hälfte aller Erwachsenen ist während einer festen Beziehung schon einmal fremdgegangen.*

- *Während und nach einem Seitensprung fühlten sich über die Hälfte aller Frauen gut, selbstbewußt, sexy und begehrenswert.*

- *Zwischen 20 und 50 Prozent aller Betrogenen würden sich bereits aufgrund eines einzigen Seitensprunges von ihrem Partner trennen.*

3. Soll ich, oder soll ich nicht?
Wie Sie herausfinden, was Sie wollen

Soll ich, oder soll ich nicht? – das ist die alles ent-
scheidende Frage. Sie ist natürlich nicht ein für alle-
mal zu beantworten. Aber letztlich geht es immer um
den Widerstreit von anerzogener Moral und wilden
Gefühlen. Eine Klemme, aus der Sie sich durchaus
befreien können, wenn Sie sich die richtigen Fragen
stellen – und sich ehrliche, unbequeme Antworten
erlauben.

Emanzipation macht Angst», schreibt die Psychoanalyti-
kerin Marina Gambaroff in ihrem Buch «Utopie der
Treue».[21] Ihre Hoffnung ist: Paare, die mit ihrer Sexualität klarkommen, werden auch (treu) zusammenbleiben. Bevor
die Leser aber ihre Angst überwinden und sich von Treuekonventio-
nen emanzipieren können, hält Gambaroff kategorisch fest: «Der
Untreue flieht vor der Aufgabe, sich selbst in die Beziehung voll
einzubringen. Bedürfnisse zu artikulieren und damit Konflikte und
Auseinandersetzungen zu riskieren. Die Untreue dient dann dazu,
die Selbstverwirklichung in der Beziehung immer weiter aufzuschie-
ben.»[22] Aber: «Hinter rigiden Forderungen nach Einhaltung von
Treue können neben einer starken Normabhängigkeit Symbiose-
tendenzen, Kontaktängste, Unfähigkeit zur Selbstverwirklichung
und vieles andere mehr stehen. Dies alles kann jedoch genausogut
das Motiv für die Untreue sein.»[23]

Warum die Dinge komplizierter machen, als sie ohnehin schon sind?

Wir können uns auch zu Tode analysieren. Oder, wie Jürgen Bremer (32), arbeitsloser Reisekaufmann, seinem verunsicherten Kum-
pel bei einem Bierchen riet: «Wenn du mit ihr schlafen willst, dann
schlaf meinetwegen mit ihr, und jetzt laß mich in Ruhe.» Was ist
denn schon dabei?

«Treue kann nie als Gebot von außen auferlegt werden», darin sind wir uns mit Paartherapeut Hans Jellouscheck einig. «Aufgrund eines Gebotes treu zu sein ist ein Zeichen kindlicher Gebundenheit, auf die über kurz oder lang adoleszente Rebellion mit Untreue reagieren wird.»[24] Und: «So, wie es in der Liebe kein MUSS gibt, gibt es auch kein MUSS in der Treue. Machbar ist beides nicht. (...) Wenn dem äußeren Ja ein inneres Nein entgegensteht, dann muß man die Zügel straffer halten, (...) denn auf solch kargem Boden wird aus dem zarten Pflänzlein Treue längst kein Baum, eher schon im Sturm der Freiheit»[25], so heißt es im Sammelband «Treue» von Ruthard Stäblein.

Klar ist: Ein Seitensprung kann zahllose verschiedene – und im Einzelfall zudem noch zahlreiche einander widersprechende – Gründe haben (dazu später mehr). Und auch wir wollen, wie gesagt, keineswegs das dumpfe Ausleben jedweden Triebes propagieren.

Bleibt die Frage: Selbst wenn Sie Ihre Gründe kennen – oder auch, wenn Sie sich nicht ganz sicher sind, aber nun nicht extra deshalb eine Therapie anfangen wollen –, muß Sie das vom Seitensprung abhalten? Solange Sie sich der Dinge bewußt sind, die Sie da tun, und solange Sie auf niemanden Zwang ausüben und auch selbst nicht gezwungen werden, sehen wir dafür keinen Grund.

Ist Untreue ein Vergehen?

Was aber unterscheidet demnach außerehelichen Beischlaf – der ja eindeutig in weiten Teilen der Bevölkerung als unmoralisch und verboten gilt und für den bis in die Sechziger noch eine Gefängnisstrafe von sechs Monaten verhängt werden konnte – zum Beispiel von Drogenhandel, Autodiebstahl, Versicherungsbetrug oder auch nur Steuerhinterziehung, die ja von vielen ähnlich be- oder verurteilt werden?

Drogenhandel schädigt andere an Leib und Leben. Autodiebstahl bedeutet Verlust eines (materiellen) Wertes. Versicherungsbetrug ist ein geldlicher Verlust für die Masse der Versicherungsnehmer, Steuerhinterziehung dementsprechend für die übrigen Steuerzahler. Und Untreue? Untreue ist toll, oder was?

Nein, das nicht. Untreu kann man nur sein, wenn Treue postuliert wurde. Ein Seitensprung, eine Affäre ist dann eindeutig ein Verhalten, das dem festen Partner oder der Partnerin etwas wegnimmt. Es beraubt sie zumindest einmal der faktischen Einhaltung des Treueversprechens. Aber: In den allermeisten Fällen wird er oder sie das nicht von allein bemerken. Nichtsdestotrotz entsteht de facto ein Verlust. «Es entsteht insgesamt eine Situation der Lüge, selbst wenn der ‹Untreue› ausdrücklich und verbal niemals lügt. Aber der Partner wird in einem wesentlichen Punkt des Zusammenlebens getäuscht»,[27] schreibt Paartherapeut Hans Jellouscheck.

Darf man – oder darf man nicht?

Sind Sie in Ihrer Partnerschaft nur mittelmäßig zufrieden, dann konzentrieren Sie sich ohnehin auch auf andere Dinge, stecken sowieso nicht alle Kraft in den – therapeutisch korrekten – Beziehungsaufbau.

So wie der Informatikstudent Matthias Vetter (27), der mehrere Monate lang mit der Frage haderte, ob er nun auch mal durch fremde Betten huschen dürfe oder nicht. «Ich war innerlich wie erstarrt», berichtet er, «drehte mich immer wieder im Kreis, im Kreis, im Kreis. Mir war durchaus bewußt, daß meine Ehe nicht mehr das Gelbe vom Ei war, aber wir hatten schon auch gute Zeiten hinter uns gebracht und schlechte natürlich auch. Vielleicht würden ja einfach wieder gute kommen, sagte ich mir. Man kann nicht alles einfordern und erarbeiten, man muß dem Leben auch mal seinen Fluß lassen. Aber plötzlich merkte ich: Da ist ein Interesse für diese andere Frau. Warum, war klar – äußerlich und emotional war sie das krasse Gegenteil meiner Frau. Erst später habe ich begriffen, wie vollständig richtig ich mit dieser Einschätzung lag – fast alle *angenehmen* Eigenschaften meiner Frau gingen ihr ebenfalls ab. Aber am Anfang sah ich nur ihre weiche Weiblichkeit, den schmachtenden Blick, das Interesse an mir, die großen Brüste, die langen Beine ... Klar, ich war anfällig, und sie war eben ‹zur richtigen Zeit am richtigen Ort›, wie man so schön sagt. Aber ich habe mich nicht getraut. Das darfst du nicht, sagte ich mir immer wieder, das darfst du nicht. Und dann habe ich einen Fehler gemacht, zumindest sehe ich das heute so. Ich habe viele meiner Freunde und Bekannten gefragt: Sagt mal, ich stehe auf die-und-die, aber ich kann doch nicht einfach was mit ihr anfangen, oder? Ich war schon so weit, mir keinerlei Gedanken darüber zu machen, ob die zur Affäre Auserwählte überhaupt noch Interesse an mir hatte. Darum ging es zu diesem Zeitpunkt nicht mehr. Es ging nur darum, mir klarzuwerden: Darf ich das? Darf ich mir erlauben, aus meiner Beziehung zumindest zeitweilig auszuscheren? Damals bin ich wohl noch davon ausgegangen, daß ich es nicht tun werde, deshalb habe ich ziemlich vielen Leuten davon erzählt. Als es dann am Ende doch noch soweit kam, wußten oder ahnten mindestens fünf oder sechs Leute aus unserem Bekanntenkreis, was lief – und das waren viel zu viele, das hat mir eine Riesenangst gemacht.

> Treue ist doch idealistischer Quatsch, der sich in der Praxis gar nicht durchhalten läßt. Der Mann ist eben ein geborener Jäger. Das kann man nicht unterdrücken. (Rainer H., 36, Kaufmann)

Vor allem aber habe ich im nachhinein das Gefühl, die ganze Sache viel zu hoch gehängt zu haben. Ich habe unheimlich viel Zeit mit meinen Kumpeln verbracht, um zu bereden, ob ich nun fremdgehen sollte oder nicht. Hätte ich diese Zeit, in der ich mich ohnehin nicht für meine bestehende Beziehung engagiert habe, in den Seitensprung selbst investiert, hätte ich meiner Frau insgesamt viel weniger weggenommen als so. Und die ganze Sache wäre vorbei gewesen, bevor sie – in meinem Falle – angefangen hat.» Da ist was dran.

Erlaubte und verbotene Abwesenheiten

Es gibt immer Zeiten, in denen die Hauptpaarbeziehung «Pause» hat. Sie gehen drei- oder viermal die Woche allein zum Sport, um endlich wieder Bikiniformat zu haben, Sie besuchen eine Abendschule, Sie verbringen ein Wochenende im Monat sowie alle Feiertage bei Ihrer Ex-Frau und den Kindern. (Diese Beispiele haben wir nicht erfunden, das haben uns Freunde und Bekannte erzählt.)

Diese äußerlichen – und natürlich auch innerlichen – Abwesenheiten gelten als quasi legal, jedenfalls als offen ansprechbar. Zerstört ein Mann seine Ehe, weil er Karriere macht und ständig arbeitet, herrscht oft die Meinung, die Dame des Hauses hätte doch Verständnis zeigen müssen. Zerstört derselbe Mann aber seine Ehe, weil er zwei Abende – von sieben! – nicht arbeitet, sondern sich mit seiner Sekretärin vergnügt, und die übrigen sogar daheim verbringt, hat plötzlich er allein schuld.

«Man muß sich klarmachen, was einem wirklich wichtig ist. Ist es denn so schlimm, wenn der Mensch, den du liebst, ab und zu verschwindet und eine Affäre mit jemand anderem hat, ist das wirklich eine Katastrophe?»
(Marion K., 27, Bankkauffrau)

Juristisch ist die Schuldfrage abgeschafft, in unseren Köpfen nicht, und Sie müssen leider ganz für sich allein Ihren Standpunkt finden. Wir jedenfalls haben durchaus Verständnis dafür, wenn eine Frau, um die ihr Mann sich nicht ausreichend bemüht (was nun wieder subjektiv unterschiedlich empfunden wird), ihn verläßt. Aber eben deshalb, weil er nie da ist. Egal, *wo* er ist.

Die Schuldfrage bei Scheidungen

«Bis zur großen Familienrechtsreform am 14. Juni 1976 existierte bei Scheidungen die Schuldfrage. Es mußte Klage beim Landgericht eingereicht werden, und deshalb mußte es einen Kläger geben, der dem oder der anderen vorwarf, die Ehe zerstört zu haben. Selbst wenn sich beide einig waren und sich trennen wollten, mußte einer die ‹Schuld› auf sich nehmen. Dabei ging es aber nicht um den Unterhalt, um finanziellen Ausgleich, Sorgerecht etc., sondern nur um die Scheidung selbst. Heute ist das anders. Heute stellt einer einen Antrag beim Familiengericht, einer besonderen Abteilung des Amtsgerichts, und dann wird geschieden. Dabei muß im Regelfall noch ein Trennungsjahr eingehalten werden. Das Schuldprinzip (‹Du hast unsere Ehe kaputtgemacht, nicht ich›) wurde ersetzt durch das Zerrüttungsprinzip (‹Die Ehe ist kaputt, egal, warum›), die Klageschrift durch eine Antragsschrift. Nach wie vor gibt es aber ‹ehewidriges Verhalten›, z. B. wenn jemand über Jahre hinweg nachweislich immer wieder fremdgeht. Wer sich ehewidrig verhalten hat, kann möglicherweise nicht im vollen Umfang Unterhalt fordern; diese Forderung wäre dann ‹grob unbillig› – auf deutsch also: ungerecht.»
(Rechtsanwalt Christian Heimann, Dortmund)

Was du nicht willst, das man dir tu ...

«Ich hätte gut damit leben können, ab und zu mit meinem Ex-Freund ins Bett zu gehen», vertraute uns bereits vor längerer Zeit eine Bekannte an. «Ich verstehe mich gut mit ihm, er sieht nett aus, warum nicht? Aber ich meine jetzt nicht, daß er mich angebaggert hätte. Ich habe nicht die geringste Ahnung, ob er überhaupt Interesse hätte, und ich möchte es ihm auch gar nicht vorschlagen, weil aus solchen Sachen doch immer nur Chaos wird und am Ende die Freundschaft in die Brüche geht. Aber ich jedenfalls könnte es mir gut vorstellen. Und zwar auch dann, wenn ich gerade in einer Beziehung bin. Am Anfang nicht, da hat man ja nur Augen für den Neuen. Aber später. Ich kann schließlich auch nicht jeden Tag Auberginenauflauf essen. Zwischendurch steht mir der Sinn nach was anderem. Ich höre ja auch nicht ständig meine Lieblingsplatte, sondern eben auch andere, die mir weniger gut gefallen. Und zwar mit Vergnügen!»

Natürlich wollten wir wissen, warum sie unter diesen eindeutigen

Umständen ihren Wunsch für sich behält. «Weil ich für mich jederzeit genau wüßte, wo ich stehe, ob hier Liebe im Spiel ist oder nur Zuneigung, wohin die Emotionen wandern. Aber mein Partner ist für mich unkontrollierbar, das ist er zwar sowieso, aber ich finde die Vorstellung verunsichernd, daß er ‹nur so› nebenbei was mit einer anderen Frau hätte. Andererseits denke ich, was ich mir erlaube, muß ich auch ihm erlauben, und wovon ich mir wünsche, daß er es unterläßt, das darf ich dann auch nicht.»

Was du nicht willst, das man dir tu ... – gar keine schlechte Hilfe zur Entscheidungsfindung.

Werden Sie betrogen, dann werden Sie allgemein als das Opfer angesehen, bemitleidet und – durchaus auch ungefragt – beraten. Wollen Sie betrügen, steht Ihnen kaum jemand mit Rat und Tat zur Seite. Nur wir.

In Groschenromanen geht es ganz einfach. «Ich sah ihm in die blauen Augen. Er schien bis auf den Grund meiner Seele schauen zu können. Wortlos schloß er mich in seine kräftigen Arme, küßte meine bebenden Lippen. Ich wußte noch nicht einmal seinen Namen.» Von seinem Kontostand und den Unarten beim Fernsehabend ganz zu schweigen. Aber in Wirklichkeit ist natürlich alles viel komplizierter. Leider.

Übrigens wird ja oft – und nicht nur an Stammtischen – behauptet, ein Seitensprung könne eingeschlafene Beziehungen wieder aufpeppen. «Letzteres haben wir [...] selten gefunden – im Gegenteil zu dem, was über solche Ehe-Ausflüge oft gemutmaßt wird. Das Muster scheint nur dort zu funktionieren, wo durch eine sexuelle Außenbeziehung die Identität als Mann (Frau) stabilisiert wird und wo eben diese sexuelle Unsicherheit das eheliche Leben bedroht hat»,[28] stellen Eva Jaeggi und Walter Hollstein fest. Da ist was dran, meinen wir. *Kann* durchaus sein, daß auch bei Ihnen zwei Beziehungen besser laufen als eine – muß aber nicht. Selbst wenn bewußt kesse Frauenzeitschriften immer wieder be-

> «Der Versuch, treu zu sein, ist noch zeitgemäß. Ein Seitensprung ist zwar ein Treuebruch, aber es kann Situationen geben, in denen die Gefühle so stark sind, daß man sie nicht unterdrücken kann. Ich glaube, dann wäre es fast Untreue sich selbst gegenüber, wenn man dem Partner treu bliebe und sich seine Empfindungen einfach verbieten würde.» (Susanne Z., 34, PR-Frau)

haupten: «Affären geben der Lust Auftrieb». Falls Sie sich auf einen Seitensprung einlassen, dann jedenfalls bitte nur, wenn Sie es wollen. Und nicht als falsch verstandenen «Liebesdienst» an Ihrem Partner.

Sie müssen sich entscheiden

Unseren Recherchen nach begegnen die meisten Menschen zwei verschiedenen Situationen, in denen sie die Entscheidung treffen müssen oder wollen, ob sie ihrem Partner untreu werden:

- Sie haben sich verliebt, sind aber nicht sicher, was davon zu halten ist. Jedenfalls kribbelt es im Bauch (oder im Kopf oder im kleinen Finger).
- Sie haben das Gefühl, wenn's so frustrierend mit Ihrer Beziehung weitergeht – was «so» auch immer heißen mag –, werden Sie sich verlieben oder würden dies gern tun. Unseren Umfrageergebnissen zufolge kommt diese Situation des kritisch-verwirrten Nachdenkens nicht selten vor, auch wenn Isabelle Hommel behauptet: «Vor allem die erstmalige Untreue [ist] nie geplant.»[29] Dem ist nicht so – und das ist gut.

> «Eigentlich war ich schon eine ganze Weile unzufrieden in meiner Beziehung. Die plätscherte so dahin, und immer öfter ertappte ich mich bei dem Gedanken an eine wilde, unvernünftige Affäre. Daß ich ausgerechnet meinem Kollegen, der mich öfter abends mitnimmt, in die Arme gesunken bin, war aber ziemlich dämlich. Nachdem der erste Zauber verflogen war, müssen wir uns nun Tag für Tag sehen und so tun, als sei nichts gewesen.»
> (Nina B., 29, Versicherungskauffrau)

Wenn Sie sich schon verliebt haben, meinen Sie vielleicht, das folgende Kapitel «Mein linker, linker Platz ist leer ...» überspringen zu können, aber das sollten Sie nicht tun.

Denn nicht jede/r, der/die «einfach zum Verlieben» ist, eignet sich auch als Partner für die Unterabteilung «Seitensprung» – beispielsweise: die Chefin, der Abteilungsleiter, die beste Freundin der eigenen Frau, der Ehemann der besten Freundin der eigenen Frau, der Nachbar usw. Gerade in Freundeskreisen ergeben sich häufig Seitensprünge, und eben daraus resultieren später die grauenhaftesten – und unnötigsten! – Probleme.

Sind Sie noch nicht verliebt, raten wir Ihnen dringend, die Sache strategisch geschickt anzugehen (mehr dazu, wie gesagt, im nächsten Kapitel).

Der Stoff, aus dem TV-Serien sind

So oder so wird aus diesen Betrachtungen aber klar, was auch die Lektorin Maja Schacht (39) empfand: «Ich kam mir etwas abartig vor, aber mein Bedürfnis nach einer bestimmten Art von sexueller Beziehung, die mein Partner so nicht abdeckte, wurde immer größer. Völlig unabhängig von ihm und völlig unabhängig von meinem jeweiligen Seitensprung-Partner. Ich wollte einfach mal wieder eine Nacht durchmachen und es dann völlig verschwitzt treiben, bis ich nicht mehr konnte. Das hatten wir am Anfang unserer Beziehung natürlich getan, und ich bin mir sehr sicher, daß auch mein Freund diese Erlebnisse vermißte. Aber so was läßt sich eben auch nicht planen. Wann immer ich mir die innere Freiheit nahm, solchen Sex mit anderen Männern zu erleben, kehrte ich hinterher zufrieden und für lange Zeit befreit von diesem Bedürfnis in meine Partnerschaft zurück. Wobei ich natürlich jedesmal auch ein ungemein schlechtes Gewissen hatte. Aber der Trieb – der Trieb war dann einfach für ein paar Monate verschwunden, abgebaut.»

Sex ist Trieb, Sex ist Lust, Sex läßt sich nicht steuern. Triebe lassen sich nur unterdrücken, nicht auslöschen. Das ist der Stoff, aus dem die Fernsehserien sind. Wenn Sie sich auf eine Affäre einlassen, werden Sie sich vielleicht auch vorkommen wie im Film. Alle Ihre Empfindungen und Probleme sind banal und altbekannt, und doch erscheinen sie Ihnen neu, ungemein fesselnd und bedrohlich.

So sind wir Menschen. Wären wir es nicht, dann würden wir auch fühlen, was uns im Kopf eigentlich klar ist: Sex und das Drumherum sind mit verschiedenen Menschen verschieden, aber nicht so verschieden, daß es sich lohnt, dafür unser gesamtes Lebensumfeld zu riskieren (was wir, gemäß den geltenden Moralvorstellungen, durch einen Seitensprung nun mal tun).

Aber: Sex ist ein Bedürfnis wie Essen und Trinken, ein natürlicher Drang – ist er befriedigt, können wir neutral und kontrolliert darüber reden und nachdenken. Kribbelt's aber im Bauch, fallen alle Sicherungen aus.

Glauben Sie das wirklich?? Es ist was dran, wie an allen Binsenweisheiten. Aber bei den meisten Affären sind die Ursachen vielschichtiger, die Bedürfnisse komplexer.

Wer weiß, was er will, kriegt, was er braucht?

Lassen Sie uns einen genaueren Blick auf Ihre Wünsche werfen. Denn je eher wir unsere Emotionen und Begierden annehmen, desto eindeutiger können wir uns ihnen gegenüber verhalten. Sprich: Wenn ich genau weiß, was ich will – und möglichst auch noch ungefähr, warum –, kann ich mir leicht(er) klar darüber werden, wie, wo und mit wem ich es erlange.

«Fleisch gibt's nur außer Haus», soll die Vegetarierin Hiltrud «Hillu» Schröder ihrem Mann, dem SPD-Politiker Gerhard Schröder, gesagt haben. Der hielt sich daran – nach Ansicht zahlreicher Frauengazetten und Kaffeekränzchen trieb Hillu ihn mit ihrer radikalen Position direkt in die Arme der Reporterin Döris Köpf.

Natürlich wird die Sache auch in diesem populären Fall aus dem Jahre 1996 so einfach nicht gewesen sein – aber alles hat seinen Grund, auch Untreue. Dieser Grund muß nicht unbedingt in der Partnerschaft liegen – es ist nach unseren Recherchen keineswegs so, daß ein Seitensprung, insbesondere ein kurzer von wenigen Stunden oder Tagen, auf eine schadhafte Beziehung hindeuten *muß*, und zwar weder bei Männern noch bei Frauen.

Was führt zum Seitensprung?

Mögliche Gründe für den Wunsch nach einem außerehelichen Abenteuer (meist handelt es sich um eine Kombination aus diesen und/oder anderen Gründen):
- Ihre Beziehung läuft gerade sehr gut (das trifft vor allem auf Männer zu).
- Ihre Beziehung läuft gerade sehr schlecht (das trifft vor allem auf Frauen zu).
- Ihre Beziehung ist durchschnittlich gut, aber gerade in einer Hochphase (vor allem Männer).
- Ihre Beziehung ist durchschnittlich gut, aber gerade in einer Tiefphase (vor allem Frauen).
- Ihre Frau kriegt ein Kind.

- Ihre Frau hat ein Kind bekommen.
- Ihr Mann macht Karriere.
- Ihre Frau macht Karriere.
- Ihr Mann macht keine Karriere.
- Sie oder Ihr Partner werden/sind arbeitslos.
- Sie haben einen Herzschrittmacher bekommen, sind/waren schwer krank und/oder ziehen aus einem anderen Grund gerade die Bilanz Ihres Lebens.
- Ein enger Freund ist gestorben.
- Sie sind Einzelkind.[30]
- Sie haben das Gefühl, «lebendig» zu sein bedeute, mit möglichst vielen Männern/Frauen zu schlafen.
- Sie sind in eine andere Stadt umgezogen, Sie haben ein Haus gekauft und sind dort eingezogen, Sie haben einen neuen Job in gänzlich neuem Umfeld.
- Sie oder Ihr Partner sind alkohol- oder drogenabhängig.
- Zuviel Alltag, gerade auch mit Kindern.
- Zuwenig Alltag, besonders ohne (gemeinsame) Kinder.
- Sie bevorzugen sexuelle Reize, die der Partner nicht bietet, wie z.B. Reichtum, Schlankheit, große Brüste, Brustbehaarung, rote Haare, Bartstoppeln, Intimschmuck oder Macht.
- Sie haben sexuelle Wünsche, die der Partner ablehnt, wie z.B. Kuschelsex, Oralsex, Analsex, Sado/Maso, Sex im Auto, im Fahrstuhl, im Büro oder zu dritt, mit einem gleichgeschlechtlichen (bzw. bei homosexuellen Paaren: mit einem gegengeschlechtlichen) Partner, Quickie, Vorspiel.
- Sie haben gerade nichts Besseres vor (vor allem Männer).
- Es hat sich so ergeben, Sie waren betrunken/auf Drogen.

> «Männer können nicht treu sein, weil sie zu oberflächlich sind. Sie haben ihr Gehirn im Penis, und wenn das Blut im Penis ist, kann kein Mann mehr klar denken.» (Carsten B., 38, Sportlehrer)

- Sie wollen (sehr) häufig Sex, Ihr Partner nicht.
- Ihr Partner ist für längere Zeit abwesend (arbeitet in einer anderen Stadt, Auslandsaufenthalt o. ä.).
- Ihr Partner gibt Ihnen nicht das Gefühl, Sie zu lieben und/oder zu achten.
- Ihr Partner scheint Sie nicht sexy (genug) zu finden.

- Ihr Partner hat einen Seitensprung begangen.
- Sie haben schon soviel Gutes (insbesondere, was den Sex angeht) über jemanden gehört und wollen wissen, was dran ist.
- Ihr Partner will unbedingt ein Kind, aber Sie nicht.
- Sie wollen unbedingt ein Kind, aber Ihr Partner nicht.
- Ihr Vater ist auch immer fremdgegangen.
- Ihre Mutter ist auch immer fremdgegangen.
- Alle Ihre Freunde/Freundinnen tun es.
- Sie würden es sich nie verzeihen, dieses Angebot abgelehnt zu haben, auch wenn Ihnen vollkommen bewußt ist, daß Sie für den Seitensprung-Partner niemals Ihre Beziehung aufs Spiel setzen würden.

> «Ich habe in meinem Leben unglaublich viele Frauen gehabt. Aber ich selbst habe mir immer einen Menschen gewünscht, der mich nie verläßt.»
> (Karl-Heinz W., 53, Bauunternehmer)

- Sie werden körperlich und/oder geistig mißhandelt. (Dann sollten Sie jedoch nicht bei einem Seitensprung, sondern unbedingt bei einer Beratungsstelle oder einem Therapeuten Trost und Hilfe suchen!)
- Sie wollen Bestätigung.
- Sie wollen sich – ggf. unbewußt – schlecht fühlen (kommt durchaus häufig vor).
- Ihre Partnerschaft wird immer enger, intimer und damit – unbewußt – bedrohlich.
- Sie haben gerade geheiratet.
- Sie werden bald heiraten.
- Ihr Heiratsantrag ist gerade abgelehnt worden.
- Sie haben gerade einen Heiratsantrag abgelehnt.
- Sie wollen Ihre Beziehung beenden, haben aber nicht den Mut dazu.
- Sie wollen wissen, ob es «dort draußen» wirklich besser ist als daheim.
- Sie wollen Ihren Partner eifersüchtig machen.
- Sie wollen Ihren Partner auf Ihre Bedürfnisse aufmerksam machen.
- Sie wollen Rücksicht auf Ihren Partner nehmen – warum auch immer – und ihn für eine begrenzte Zeit nicht mit Ihren (sexuellen) Wünschen «belästigen».

Sie sehen: Nur ein Teil der möglichen Gründe hat überhaupt mit der bestehenden Beziehung zu tun. Das ist auch logisch, denn warum sollten alle unsere Wünsche und Entscheidungen ausschließlich einem Teilbereich unseres Lebens entspringen?

Der Paartherapeut Hans Jellouscheck dagegen fragt: «Welches derzeitige Ungleichgewicht zwischen den Partnern soll durch die Außenbeziehung ausgeglichen werden? Oder anders ausgedrückt: Welche Imbalanz versuchen die Partner mit Hilfe der Außenbeziehung auszubalancieren?» Und weiter: «Dabei setze ich voraus, daß der Außenbeziehung eine Mangelsituation in der Zweierbeziehung vorausgeht. Dies läßt sich gewiß nicht für alle Fälle behaupten, trifft jedoch sehr häufig zu.»[31]

Dazu kommt, daß unserer Erfahrung nach sowohl Männer als auch Frauen – zumindest immer wieder mal in bestimmten individuellen Lebensphasen – Sex und Liebe sauber und nüchtern trennen können. Denn «unser Körper giert nach Abwechslung» und «die Natur hätte schlechte Arbeit und miserable Auslese geleistet, wenn wir nicht bei jeder Gelegenheit die starken Antriebe zur Fortpflanzung und Lust zum Partnerwechsel hätten»[32], schreibt Frank Joachim.

Außerdem müssen «wenn sie ehrlich sind [...], die meisten Frauen zugeben, daß sie niemals einen Mann auswählen würden, von dem allein schon auf Grund seiner überaus integren Charaktereigenschaften zu erwarten wäre, daß er treu ist. [...] Ein treuer Mann [ist] ein asketischer Pedant, ein Mustermensch voller Prinzipien-Treue [...] Alles echt und knorrig an dem Mann, aber keine Phantasie für Extratouren, keine Romantik für Geheimnisse, Risiko und Verführung, [...] kein Partyvergnügen, keine Umwege, die das Leben abwechslungsreich machen, keine müde Mark für meinen Luxus.»[33] Entsprechendes gilt übrigens umgekehrt auch für die weibliche Hälfte der Menschheit.

Und so wollen Sie doch bestimmt nicht leben – sonst hätten Sie ja dieses Buch gar nicht erst gekauft!

Kann man zwei gleichzeitig lieben?

Zum Thema «Liebe» gibt es zwei völlig gegensätzliche Auffassungen:
- Man kann nur eine/n lieben.
- Man kann – gleichzeitig! – mehr als eine/n lieben.

Für beide Annahmen gibt es subjektiv gute Gründe, soziologisch konnte aber noch keine bewiesen werden. Insofern sollte auch hier die «Unschuldsvermutung» gelten: Im Zweifelsfalle ist tatsächlich das möglich, was der Betroffene behauptet.

Außerdem hat sicher fast jeder schon die Erfahrung gemacht, daß man ernsthaft und guten Glaubens *der Annahme* sein kann, zwei Menschen gleichzeitig zu lieben, genau wie man sich einen miesen Job oder eine furchtbare Krankheit schönreden kann. So sind die Menschen nun einmal, und Schutzmechanismen dieser Art sind gut und nützlich. Daraus folgt aber auch: Nicht alles, was man bei erhöhtem Hormonpegel so in seinem Inneren ausmacht, hält dem harschen, dauerhaften Licht der Wirklichkeit stand – ein weiterer Grund, eine Liebschaft auch strategisch und nicht nur von Wolke sieben aus anzugehen.

Grundsätzlich *kann* – nicht: muß! – man einen Seitensprung durchaus als angenehmere Art der Selbstbefriedigung ansehen, und das sollte unserer Meinung nach auch bewußt im Mittelpunkt stehen: die Befriedigung der eigenen Bedürfnisse.

Lust auf Abwechslung

«Zen bedeutet zu essen, wenn ich Hunger habe, und zu schlafen, wenn ich müde bin», heißt es.

Die daraus abzuleitende Formel für Beziehungen lautet: «Ich möchte bei dir sein, wenn mir danach ist.» Am Anfang einer Liebe ist das: immer.

Doch dann läßt das Bedürfnis nach, bei Männern angeblich schon nach etwa drei Monaten, bei Frauen erst nach zwei bis drei Jahren, was schon mal unpraktisch ist. Danach möchte jeder von uns, daß der Partner dann bei uns ist, wenn *wir* es gerade wünschen. Natürlich freiwillig. Natürlich soll er es auch gerade wollen. Aber das ist nun mal – auf lange Sicht – unmöglich.

Bei einer Affäre ist das anders: Affären finden nur statt, wenn und solange beide wollen. Und weil die Treffen so heimlich und selten bleiben, *wollen* es beide.

Nur einer von zehn fremdgehenden Ehemännern verläßt seine Frau für die Geliebte [34], und wie glücklich diese legalisierten Beziehungen dann werden, steht in den Sternen. Das Bedürfnis, nun ausgerechnet mit dieser anderen Frau langfristig zusammenzubleiben, ist im allgemeinen eher gering – ein weiteres Indiz für die recht willkürliche Wahl der Affärenpartnerin.

Hans Gärtner (46), zweifacher Vater und Abteilungsleiter einer Versicherung, gab uns gegenüber zu: «Ich habe meine Frau und meinen Sohn für meine Geliebte verlassen, und jetzt – drei Jahre später – bin ich in exakt derselben Lebenssituation, habe ein zweites Kind mit meiner zweiten Frau und bin genauso unzufrieden. Ich bin bloß älter geworden.»

Wenn Sie vorhaben, jemanden aus einer Beziehung loszueisen («den Opfergang der Liebe» zu gehen, wie es eine langjährige Geliebte nennt [35]), werden Sie wahrscheinlich vor allem leiden. Außerdem halten wir es für einen gravierenden Unterschied, ob jemand freiwillig sein heimeliges Häuschen verläßt, um in Ihr kuscheliges Bett zu schlüpfen – oder ob Sie seinen/ihren Familienverband mit Gewalt aufknacken! Es mag Ihnen merkwürdig vorkommen, daß ausgerechnet die Autoren eines Untreue-Ratgebers mit Moral ankommen, aber so sind wir nun mal.

Unser Buch wendet sich jedenfalls eher an diejenigen, die überlegen, in einem mehr oder weniger kurzfristigen Arrangement relativ klar umrissene Bedürfnisse zu befriedigen. Niemand erniedrigt sich, keiner leidet – im Idealfall.

Beziehungen und Partnerschaften gemäß unserer angelernten Normen und Verhaltensweisen können über kurz oder lang auch mal frustrieren und enttäuschen – genauso wie heute niemand mehr genau dann essen und schlafen kann, wenn Hunger und Müdigkeit ihn heimsuchen.

Warum ist gerade sexuelle Treue so wichtig?

Der unausgesprochene Beziehungsvertrag der allermeisten Beziehungen beinhaltet heutzutage die Passage: «Du darfst denken, was du willst, darfst wünschen, was du willst, darfst einen Großteil deiner Träume und Bedürfnisse mit anderen teilen – aber der Schwanz bleibt in der Hose!»

Daß zahllose andere Völker und Stämme ohne dieses (oder mit anderen) Treueversprechen leben, zeigt: Das ist kein angeborener, sondern ein erlernter, anerzogener Wunsch. Im Grunde steht es jedem frei, diesen Treueschwur nicht zu teilen und aus der Herde auszuscheren (wobei nach zahlreichen Umfragen die Herde der Fremdgänger ja ohnehin die Mehrheit stellt). Unzweifelhaft hat jedoch alles seinen Preis: die Treue den der «versäumten Gelegenheit», die Untreue den der

> «Als ich auf der Suche nach einer festen Beziehung war, hatte ich mehrere Verhältnisse gleichzeitig, und alle wußten voneinander. Es war ein furchtbarer Streß. Als ich meine heutige Frau traf, habe ich sie alle verlassen.»
> (Christoph L., 42, Programmierer)

inneren Zerrissenheit und des Risikos, die Partnerschaft zu zerstören. (Mehr dazu in Kapitel 8, «Risiken und Nebenwirkungen».)

Treuebrüche begeht fast jeder von uns fast jeden Tag. Mit den Kollegen noch ein Bierchen trinken und dafür Überstunden vorschützen – alles klar. Der Tochter erzählen, Barbies waren gerade ausverkauft, wenn Sie in Wahrheit den Weg in den Laden nicht mehr geschafft haben – eine Notlüge.

Nur beim Sex rasten wir aus. Verwechseln lieben mit besitzen.

«Rein logisch gesehen ist es unerklärlich, warum gerade sexuelle Untreue immer wieder in solch besonders schmerzhafter Weise empfunden wird. Warum sollten wir weniger eifersüchtig sein, wenn der Partner mit einem anderen intensivere geistige Interessen teilt, eine gemeinsame Wellenlänge für Humor hat oder mit ihm (ihr) lieber Tennis spielt? [...] Wenn der Partner mit einem anderen das Bett teilt, so fühlt man, besteht die Gefahr einer Vertrautheit wie sonst nie. Der Ehebeziehung droht etwas genommen zu werden, was alleine sie auszeichnen soll: die Intimität. [...] Der Partner könnte nun weniger Interesse haben, liebloser werden. Meist ist dies de facto gar nicht der Fall»,[36] schreiben die Psychologin Eva Jaeggi und der Soziologe Walter Hollstein.

Affären können durchaus verantwortungsbewußt ablaufen. Wenn Sie sich vorher darüber Gedanken machen:
- Was erwarten Sie von Ihrer Hauptbeziehung?

- Was erwarten Sie von Ihrer Nebenbeziehung?
- Was sind Sie bereit und in der Lage, in die jeweiligen Beziehungen zu investieren, finanziell wie emotional?
- Welches Risiko sind Sie bereit einzugehen (und was bezwecken Sie möglicherweise damit), wo ist Ihre innere Grenze?

Behalten Sie einen kühlen Kopf – auch bei einer heißen Affäre

Seien Sie vorsichtig: Im Verlaufe einer Affäre – insbesondere Ihrer ersten Affäre – werden Sie in einen chaotischen Strudel aus widerstreitenden Gefühlen geraten. Gerade mit dem Menschen, dem Sie höchstwahrscheinlich am meisten vertrauen (und der Sie ziemlich gut kennt), können Sie aber nicht darüber reden! (Es gibt verschiedene Ausnahmen von dieser Regel, aber dazu kommen wir später.)

Sie werden mit Sicherheit mehr Thrill und Abenteuer durchleben und durchleiden, als Sie sich gewünscht haben. So verkündete auch Ernst Bornemann: «Ein Seitensprung belebt die Liebe neu.»[37] Insgesamt 200mal habe er seine Ehefrau Eva in 54 Ehejahren betrogen. Später ließ er sich – mit 71 Jahren und nach dem Tod seiner Frau – mit der 42 Jahre jüngeren Ärztin und Psychotherapeutin Sigrid Standow ein. Die jedoch war Masochistin und hatte ihrerseits eine Affäre mit einem Mann, der sie schlug. Was sie Bornemann gestand. Woraufhin der nichts mehr aß, nur noch Cognac trank und schließlich einen tödlichen Cocktail aus Schlaf- und Beruhigungspillen mit Cognac herunterspülte.

! Wichtig ist also, daß Sie nicht *völlig* den Kopf verlieren, sondern nur zeitweilig. Zwar ist meist genau dieses Kopfverlieren der Sinn der Sache, aber andererseits dürfen Sie eben nie Ihre kurz- und langfristigen Ziele aus den Augen verlieren. Sonst gibt's – vermeidbaren – Ärger.

Das kurzfristige Ziel könnte z. B. heißen: «Ich möchte endlich wieder Schmetterlinge im Bauch spüren, mich attraktiv und geliebt fühlen», wie es die Lektorin Maja Schacht formuliert.

Das langfristige Ziel aber kann lauten: «Emotionale und finanzielle Sicherheit für die Kinder und die Familie, das Haus, der Garten.»

Einander widersprechende Wünsche? Irgendwie schon.

Einander ausschließende Wünsche? Nicht unbedingt.

Denn sie spielen sich auf verschiedenen Zeitschienen und -ebenen ab. Höchstwahrscheinlich möchten Sie – wie fast jeder – am liebsten alle Ihre Wünsche in einer einzigen Beziehung «unter einen Hut» bekommen. Aber das ist eben manchmal unmöglich.

Wem wollen Sie treu bleiben?

Wir wollen Ihnen nicht vorschlagen, die nächsten dreißig Jahre mit einem ungeliebten oder gar verhaßten Partner zu verbringen. Doch auch wenn Sie Ihren Mann oder Ihre Frau lieben, wollen wir Sie ermuntern, aufmerksam in sich hineinzuhorchen und -zufühlen, sich ernst zu nehmen und Ihre Wünsche zu beachten, sie vielleicht zeitweilig (!) den partnerschaftlich-gemeinsamen Interessen überzuordnen. Denn: «Ein in sich abgeschlossenes Paar ist ein pathologischer Zustand. Das Sicheinlassen und Auseinandersetzen mit Drittpersonen ist für die Gesunderhaltung und Weiterentwicklung eines Paares notwendig», schreibt der Ehetherapeut Jürg Willi.[38] Wobei das Sex erst einmal weder ein- noch ausschließt.

> «Ein Seitensprung kann einem die Augen öffnen. Plötzlich weiß man, wie sehr man seine Frau liebt. Die Angst, sie zu verlieren, ist schrecklich.»
> (Bernd M., 40, Apotheker)

Der Paartherapeut Michael Cöllen urteilt: «Untreue ist so etwas wie Erste Hilfe, mit der das verletzte Selbstwertgefühl wiederhergestellt werden kann.»

Für Frauen kann eine «kurze Beziehung [...] Ausdruck einer gesunden Eigenliebe [sein], die die Treue zu sich selber höher bewertet als den Zwang zur Treue gegenüber dem Lebenspartner», meint die Autorin Ingrid Füller.[40] Im Zuge der Gleichberechtigung vertreten wir durchaus die Ansicht, das gelte auch für Männer.

Auch Paartherapeut Hans Jellouscheck sieht das Dilemma zwischen der Treue zu sich selbst und der Treue zum anderen: «Der ‹Untreue› fügt dem ‹Treuen› eine tiefe Verletzung zu. Er wird somit an ihm schuldig. Etwas Derartiges anzusprechen klingt heutzutage unangenehm. Aber es entspricht der Erfahrung, und es ist auch dann so, wenn der ‹Untreue› gar nicht verletzen wollte und wenn er aus einer existentiellen Notwendigkeit heraus die Treue gebrochen hat. Tatsächlich gibt es oft keinen anderen Ausweg aus dem Dilemma zwischen der ‹Treue zu mir selbst› und der ‹Treue zum anderen›.»[41] Und Isabelle Hommel stellt in ihrem Buch «In fremden Betten» klar: «Untreue dem Partner gegenüber bedeutet prinzipiell Treue sich selbst gegenüber.»[42]

Wäre eine Affäre überhaupt machbar?

Wenn Sie Ihren Wunsch nach einem Seitensprung tatsächlich in die Tat umsetzen wollen, sollten Sie sich vorher über folgendes klarwerden:

- Haben Sie konkrete Gelegenheit zum Fremdgehen (steht z. B. eine Geschäftsreise ins Haus, ein Urlaub allein, oder flirtet jemand regelmäßig mit Ihnen)?
- Worum geht es Ihnen: Sex, Liebe, Zuneigung, Rache?
- Wollen und können Sie die Sache für sich behalten?
- Haben Sie ein oder zwei gute Freunde, die Sie gegebenenfalls decken?
- Was ist das Schlimmste, was passieren könnte? (Es ist unserer Meinung nach ein gravierender Unterschied, ob Ihr Mann sich schmollend für drei Wochen aufs Sofa verzieht, oder ob Ihre Frau Sie höchstwahrscheinlich mit einem Brieföffner massakrieren wird.)
- Werden Sie mit den Schuldgefühlen, wenn sie denn auftreten sollten, leben können?
- Was würden Sie davon halten, wenn Ihr Partner auch fremdginge?
- Wäre es nicht sinnvoller/ehrlicher, die Energie in die bestehende Partnerschaft zu stecken – oder sich lieber gleich zu trennen?

«Es ist mein Leben, und ich lebe nur einmal» – mit dieser Begründung steht Boutiquebesitzer Jens Gehrke (54) zu seinen Seitensprüngen und teils langjährigen Affären. Er machte allerdings auch nie ein Hehl aus ihnen. «Ich habe meinen jeweiligen Ehefrauen immer sofort reinen Wein eingeschenkt, alles gesagt. Ich wollte mich rundherum wohl fühlen, und das geht nur ohne Lügen.» Als er dann eines Tages mit der Nachbarin und besten Freundin seiner damaligen Gattin im Bett landete, entschied er sich aus Furcht vor dem schauderhaften Zorn seiner Frau allerdings doch lieber zu schweigen.

Er konnte übrigens auch am geistreichsten begründen, was ihn an wechselnden Partnerschaften so reizte. Neben Heim und Herd – Werten, die er durchaus sucht und schätzt! – sind eben doch alle Beziehungen anders, jedes Zusammentreffen in Zweisamkeit ist einzigartig: «Ich sage nur: Jede Frau riecht anders, schmeckt anders, klingt anders.» Dann grinst er breit.

Auch Sie haben nur dieses eine Leben. Aber daraus werden Sie mit Sicherheit nicht schließen, Sie müßten nun unbedingt alles mitnehmen, was geht. Bekanntermaßen ist weniger ja manchmal mehr, und wahre Intimität entsteht sowieso nur mit den Jahren.

Wie gesagt: Grundsätzlich richtige Entscheidungen gibt es nicht. Sie können nur in der jeweiligen Situation mit den jeweils bekannten Faktoren jonglieren und versuchen, dabei auf Ihre innere Stimme zu hören. Die ist nicht immer moralisch, aber meistens hat sie recht.

> «Ich war unglücklich, und meine Geliebte gab mir neuen Mut. Wenn man richtig glücklich ist in einer Beziehung, dann kann so was doch gar nicht passieren, oder? Also habe ich meine Frau verlassen. Meine Mutter hat mir mal gesagt: ‹Du hast nur dieses eine Leben. Darum mach, was du für richtig hältst!›»
> (Günther K., 37, Kfz-Mechaniker)

Vielleicht sagt Ihre innere Stimme: Finger weg.

Vielleicht sagt sie auch: Ran an den Speck.

Und vielleicht sagt sie mal dies, mal das. Hören Sie darauf.

Zusammenfassung

- Es bleibt Ihnen keine andere Wahl, als sich ehrlich Ihren Wünschen und Bedürfnissen zu stellen – auch wenn Ihnen das angst macht.

- Untreue kann die unterschiedlichsten Gründe haben. Liebe ist nur einer davon, und noch dazu einer der seltensten.

- Es gibt allgemein gebilligte Formen der Abwesenheit aus Beziehungen (z. B. Dienstreisen, Studium, viel Arbeit, Urlaub allein, zeitaufwendige Hobbys etc.) – und «verbotene» Formen wie Untreue. Das ist nicht mehr (und nicht weniger) als ein gesellschaftliches Konstrukt.

- Sex ist ein Bedürfnis wie Essen und Trinken, das uns quält und drängt, wenn es unerfüllt bleibt, und beinahe unwichtig erscheint, wenn keinerlei Mangel herrscht.

- Sie sollten sich darüber klarwerden, welche Ihrer Wünsche Sie befriedigen möchten und welche Risiken Sie dafür in Kauf nehmen wollen.

- Ihre Verwirrung und Ihr Schwanken zwischen dem Wunsch nach einer langjährigen stabilen Beziehung und der Sehnsucht nach einem Abenteuer zwischendurch ist ganz normal und legitim.

4. Mein linker, linker Platz ist leer ...
Ein paar Tips zur Partnerwahl

*Im Mittelalter leisteten sich Großfürsten gern auch
eine «Frau zur Linken», was nur etwa ein Fünftel
der Kosten für einen durchschnittlichen Feldzug ver-
schlang[43]: Sie lebten in Bigamie mit zwei Ehefrauen.
So weit muß es bei Ihnen ja nicht kommen. Aber die
richtige Wahl des Affärenpartners ist schon wichtig.*

D a, wo du nicht bist, blüht das Glück», sagte schon Georg
Philipp Schmidt von Lübeck (1766 bis 1849).[44]
Es gibt im Grunde zwei potentielle Partnerpools: noch
mal das gleiche – oder das Gegenteil davon.

Prinz Charles beispielsweise entschied sich mit der derben Ca-
milla Parker Bowles zumin-
dest auf den ersten Blick für
das krasse Gegenteil seiner
adretten Lady Di.

Chris de Burgh hingegen
soll seine Frau mit dem Kin-
dermädchen Maresa betro-
gen haben – die genauso aus-
sah wie die Gattin einst im

> «Meine Ehen und Affären haben mich
> Unsummen gekostet – viel zuviel Geld
> für ein paar Dummheiten. Deshalb habe
> ich beschlossen, meiner Frau bis an
> mein Lebensende treu zu sein.»
> (Michael K., 46, Unternehmer)

Mai. Bekanntes Beispiel für dieses Auswahlsystem, wenngleich nicht
(nur) für außereheliche Eskapaden, ist auch Rod Stewart, der zum
mittlerweile vierten Mal die gleiche Frau geheiratet zu haben scheint.

Kann man einen Seitensprung planen?

Natürlich hat Partnerwahl mit frühkindlichen Prägungen zu tun,
mit optischen Reizen und biologischen Notwendigkeiten. Ihre neue
Freundin sieht vielleicht so aus, wie ihre Mutter niemals war. Und
der nächste Lover wird wieder so ein Weichei sein wie Papa.

Alles klar.

Aber wenn Sie einen Seitensprung planen – und *planen* ist hier
das Schlüsselwort –, sollten Sie anders herangehen.

Was für einen Typ haben Sie zu Hause sitzen? Höchstwahrscheinlich wollen Sie zunächst mal entweder

- was ganz anderes oder
- jemanden, der so ist, wie Ihr Partner mal war.

Muß nicht so sein, ist aber sehr wahrscheinlich – wenn Männe zum Beispiel früher der absolute König des Fußballplatzes war, mittlerweile aber gerade noch genug Esprit hat, um beim Heimspiel vor der Glotze die Bierdose zum Mund zu stemmen.

> **!** Vergessen Sie bitte nicht: Liebeleien aller Art funktionieren nach dem Prinzip: «Halb zog er sie, halb sank sie hin.» – Beide müssen einverstanden sein! Das sollte uns aber nicht daran hindern, unser Ziel mit Bedacht zu wählen. Nur weil die neue Praktikantin so niedlich lacht und Sie unbedingt mal in ihre Techno-Stammdisco mitnehmen will, müssen Sie ja nicht mitmachen. Wenn Sie *Ihre* eigenen Bedürfnisse befriedigen wollen, sollten auch *Sie* alles unter Kontrolle behalten und eigenständige Entscheidungen treffen.

Katastrophe vorprogrammiert

Gelegenheit macht Liebe, das wissen wir nun wirklich alle, und genau da liegt schon der erste Fallstrick eines Seitensprungs. Der Lover der besten Freundin, die Nachbarin, deren Bademantel sich bei jedem geborgten Täßchen Zucker weiter öffnet, der schmucke Chef, der sich für die vielen Überstunden mit einem noblen Essen bedanken möchte, die Babysitterin oder der Gärtner – das sind Partner für Affären, die Sie so am Wegesrand finden und mitnehmen. Nicht, weil Ihnen genau danach ist, sondern weil es sich eben so ergibt, weil Sie das geheimnisvolle Abenteuer quasi auf dem Silbertablett serviert bekommen.

Mehr wollen Sie nicht vom Leben? Bloß vögeln, wer Ihnen gerade in die Quere kommt?

Also bitte!

Wenn Sie sich bereits verknallt haben, gilt es im Grunde nur noch eine Entscheidung zu treffen: Sind Sie wirklich bereit, für ausgerechnet diesen Menschen (und mit ihm) die Risiken einer Affäre einzugehen? – Wobei wir uns eingestehen müssen: Wo die Liebe hinfällt, hilft kein Unkrautvernichter mehr.

Vorausschauende Lebensplanung

In einer – zumindest strategisch – besseren Position befinden Sie sich, wenn Sie noch auf der Suche sind.

In der Praxis bewährt haben sich folgende vorausschauenden Vorgehensweisen:

> **!** Suchen Sie sich ein eigenes Hobby außer Haus, das sie nicht nach einem regelmäßigen Zeitplan ausüben (Fitneßtraining, Astronomiekurs, Waldwanderungen, Statist beim Theater etc.; einigermaßen ungeeignet sind z. B. Briefmarkensammeln am Küchentisch oder eine gemeinsame Mitgliedschaft mit Ihrem Partner im Tennisclub). Bei so einem Hobby können Sie erstens jemanden kennenlernen und haben zweitens immer gleich ein Alibi («Die Ausschußsitzung des Umweltschutzverbandes hat wirklich *un-glaub-lich* lange gedauert ...»).

- Suchen oder erhalten Sie sich Kontakt zu einer Szene, mit der Ihr Partner nichts am Hut hat. Sie stehen auf Techno, er auf Klassik? Prima, denn auf Techno-Partys geht's so richtig ab, und gefeiert wird – wirklich – bis morgens früh.
- Recht gut fahren Sie beim Seitensprung mit einem Partner/einer Partnerin, der/die selbst gebunden ist. Das verkleinert die Chance, daß Ihnen plötzlich jemand sagt: «Liebling, ich möchte ein Kind mit dir.»
- Wenn Sie viel reisen oder reisen können, sind Sie mit jemandem aus einer anderen Stadt natürlich gut beraten. Das entschärft die Alibi-Lage. Andererseits können Sie einander seltener sehen. Aber ist das nicht auch irgendwie der Sinn der Sache?
- Achten Sie auf jeden Fall darauf, daß Freunde und Bekannte Sie nicht bei der Balz beobachten können. Grundsätzlich läßt sich feststellen: Je stärker die Lebensbereiche der beiden Seitensprung-Partner voneinander abgegrenzt sind, desto einfacher und sicherer.

Der Spießer in uns

Das impliziert natürlich auch gleich das größte Problem eines Seitensprunges dieser Art: Sie zerreißen sich innerlich. Sie sind nicht mehr an einem Ort zu Hause, sondern an zweien.

Das kann eine Weile lang sogar ganz reizvoll sein. Jan Michaels (34), Verlagskoordinator: «Ich hatte ein halbes Jahr lang zwei Haushalte. War drei Nächte hier, vier Nächte bei meiner Frau. Der habe ich erzählt, daß wir im Verlag unheimlich viel zu tun haben – was stimmte – und daß ich an einigen Abenden einfach zu kaputt sei, um nachts noch nach Hause zu fahren. Ich hätte bei einem Freund geschlafen. Wir wohnten damals ziemlich weit außerhalb. Sie war nicht glücklich damit, sah es aber ein. Die Nächte verbrachte ich in der Wohnung meiner Geliebten, und, ehrlich gesagt, gefiel mir dieses Arrangement verdammt gut. Wenn ich am Wochenende mal Tanzen war, hab ich ab und an bei so 'ner Party-Maus auch noch schnell einen weggesteckt. War echt okay. Bis meine Frau mir eines Tages sagte, sie sei schwanger. Ich machte noch ein oder zwei Wochen weiter wie zuvor, dann trennte ich mich von meiner Freundin, erklärte das Verlagsprojekt für beendet und kehrte wieder nach Hause zurück.»

Traditionelle Werte lauern ins uns allen ...

Viele Fremdgänger scheinen schnell die Freiwilligkeit Ihrer Situation aus den Augen zu verlieren und sich im emotionalen Gestrüpp zu verheddern. «Ich war froh, als ich es gesagt hatte», und: «Endlich war es herausgekommen» – das ist häufig von Leuten zu hören, deren Affäre länger als drei Monate andauerte.

Also:

- Suchen Sie sich jemanden, der möglichst keinen kennt, den Sie kennen.
- Suchen Sie sich jemanden, der auch nur eine Affäre will.
- Suchen Sie sich jemanden, von dem Sie in absehbarer Zeit – und notfalls auch früher – wieder lassen können!

Das alles setzt natürlich voraus, daß Sie fremdgehen, aber Ihre feste Beziehung nicht gleich auflösen wollen. Das ist auch gut so, denn unseren Recherchen nach ist ein Seitensprung als Start in eine neue Beziehung denkbar ungeeignet. Wenn Sie kein herzloser Klotz sind (was wir hoffen wollen), werden Sie auf jeden Fall ein Weilchen brauchen, um sich innerlich wie äußerlich von Ihrem letzten Partner zu lösen. Eine Affäre kann dazu durchaus den Startschuß geben, das ist uns wohl bewußt. Sie kann zum Beispiel das nötige Selbstbewußtsein verleihen zu sagen: So eine/n wie *dich* finde ich allemal wieder!

Aber der Sprung aus der einen Beziehung direkt in die andere geht meistens schief. Eine Trennung wird dadurch keineswegs risikoärmer, sondern allerhöchstens für den/die Verlassene/n verletzender.

Verhältnis im Büro – juristisch nicht problemlos

«Am Arbeitsplatz können verschiedene Schwierigkeiten auftreten. Es gab ‹Unzucht mit Abhängigen›, wenn also z. B. ein Abteilungsleiter seine ‹übergeordnete Funktion ausnutzt› und zum Sex erpreßt. Heute ist das zusammengefaßt mit ‹sexuellem Mißbrauch von Schutzbefohlenen›, insbesondere von Auszubildenden unter 16 bzw. 18 Jahren. Probleme können außerdem durch ‹Störung des Betriebsfriedens› auftreten. Wenn beispielsweise jemand seiner Freundin stets die besten und einfachsten Arbeiten zuschanzt, stundenlang im Kopierraum knutscht oder auch nur durch das Verhältnis eine grundsätzlich gereizte Stimmung im Büro entsteht, kann das zu einer ordentlichen – d. h. fristgerechten – Kündigung aus ‹verhaltensbedingten Gründen› führen. Im besten Fall einigt man sich dann auf eine interne Versetzung eines der beiden Partner oder auf eine Vertragsauflösung mit Abfindung.» (Rechtsanwalt Christian Heimann, Dortmund)

Und mit dem neuen Partner läuft's oft auch nicht besser. Denn: Seitensprünge und Affären erschüttern das Vertrauen in die versorgerische Zuverlässigkeit eines Menschen. Oder können Sie sich ernsthaft vorstellen, mit jemandem zusammenzuleben, der so mir nichts, dir nichts für Sie Frau (oder Mann) und vielleicht sogar Kinder verlassen hat? Das macht der/die doch wieder, meinen Sie nicht?

Sie suchen ja niemanden für ewig

Vielleicht möchten Sie ja auch wissen, wie wir eigentlich auf die schier widersinnige Idee kommen, man könnte sich einen Partner oder eine Partnerin nach strategischen Gesichtspunkten aussuchen. Zumal doch bisher immer von Emotionen und Glücksgefühlen die Rede war ...

Die Logik dahinter ist ganz einfach. Wir halten ganz bestimmt nur wenig von Singletreffs, und wir haben auch die einsamen Herzen mehr als satt, die auf allerlei Feten herumstehen und jeden Neuankömmling erst mal dem Ehegattencheck unterziehen. Die wissen zu genau, was sie wollen, und werden es deshalb nie bekommen, weil sie zu verbohrt sind und zu kopflastig an ein Liebes-*Spiel* herangehen.

! Anders verhält sich das in Ihrem Fall. Sie suchen schließlich niemanden für ewig, sondern nur für diese eine Nacht. Vielleicht auch noch für nächsten Dienstag. Aber mehr weiß man nicht. Das macht ja gerade das Prickelnde an einer Affäre aus, daß man sich im Grunde die ganze Zeit über im Kennenlernstadium befindet, daß man jedesmal zittert: Kommt er, oder versetzt er mich? Und dabei genau weiß: Der ist genauso scharf wie ich. – Und wenn's wirklich langweilig zu werden droht, hat sich die Sache ohnehin meist erledigt.

Und einen solchen Flirt für ein nettes kleines Abenteuer, den können Sie doch mit Bedacht auswählen?!

«Ja», «nein» und «bei Bedarf»

Wir können Ihnen versichern: Keiner unserer Gesprächspartner für dieses Buch sah aus wie ein Titelseitenmodel – und doch hatten alle ihre Affären, manche sogar mit echten Models. Geschmäcker sind ohnehin völlig verschieden.

Wir haben einmal in der Alhambra in Granada, einer der größten touristischen Sehenswürdigkeiten Spaniens, ein Spiel gespielt: Wir haben uns ein schönes Plätzchen in der Sonne gesucht und die Mitglieder der Reisegruppen, die an uns vorüberzogen (immerhin rund 5000 Touristen täglich) in «ja», «nein» und «bei Bedarf» unterteilt.

Natürlich ist das frauen- bzw. männerfeindlich, alles klar, Asche auf unser Haupt. Aber genau darum machte es ja Spaß. Und Verhaltensforscher haben längst bewiesen, daß Menschen innerhalb der ersten paar Blicksekunden bereits unterbewußt entscheiden, ob das Gegenüber zum Paarungsspiel in Frage käme. Liebe auf den zweiten Blick? Vergessen Sie's!

Jedenfalls, und das war ein interessantes Ergebnis: Wir kamen auf unglaublich viele «Neins», zwei oder drei «Jas» – und immerhin satte dreißig bis vierzig «Bei Bedarfs» in knapp zwei Stunden. Keine schlechte Beute, finden wir. Denn für einen Seitensprung

sollte «bei Bedarf» – und das ist keinesfalls abwertend gemeint – doch völlig reichen!

Insbesondere, wenn Ihnen klar ist, was Sie wollen: vielleicht eine andere Haarfarbe als die der Gattin, einen Waschbrettbauch als Ablenkung von der heimischen Bierwampe oder harten «Dirty Sex». Sie suchen jemanden, der – wortwörtlich «bei Bedarf» – Ihre Bedürfnisse stillt. Nicht mehr, nicht weniger. Wenn dieses Wesen zufällig auch noch als Armschmuck für die nächsten vierzig Lebensjahre geeignet wäre – Glück

> «Ich habe schon gelegentlich Affären gehabt mit Männern, mit denen ich mir bei Tageslicht eigentlich nichts zu sagen hatte. Aber nachts war's dafür sehr aufregend. Und wenn mein Mann mal wieder auf Dienstreise geht, wäre ich nicht abgeneigt, das zu wiederholen.»
> (Kerstin H., 33, Arzthelferin)

gehabt. Oder Pech, je nachdem, denn dann geht der Streß erst richtig los, und genau das wollten Sie schließlich vermeiden.

Übrigens: Mit unserem Beispiel wollten wir Sie nicht animieren, Baudenkmäler zu belagern und zu versuchen, Touristen abzuschleppen. Sie werden wenig Freude daran haben, denn nach 30 Minuten fährt der Reisebus weiter.

Wir wollten nur belegen: Der Pool, aus dem Sie schöpfen könn(t)en, ist riesengroß. Probieren Sie's aus. Setzen Sie sich an einen öffentlichen Ort und schauen Sie: Ja – nein – bei Bedarf …

Nicht von ungefähr rät die amerikanische Paartherapeutin Janis Abrahms: «Fällen Sie Ihre Entscheidung […] besonnener und durchdachter; ich rate Ihnen zu einer eher kognitiven als emotionalen Entscheidung. Damit meine ich nicht, daß Sie Ihre Gefühle ignorieren sollten, sondern daß Sie die Überzeugungen, die hinter diesen Gefühlen stehen und sie bewirken – Annahmen über Ihren Partner, die Liebe und Verpflichtungen –, hinterfragen sollten.»[45] Interessanterweise findet sich diese Aussage in einem Anleitungsbuch zum Kitten von durch Ehebruch zerstörten Beziehungen, und es geht um die Frage, ob Sie bei Ihrem angestammten Partner bleiben wollen oder nicht. Aber wir sind überzeugt: Wenn schon in diesem Zusammenhang – völlig zu Recht – angeraten wird, auch den Verstand sprechen zu lassen, um wieviel mehr muß dieser Tip dann für den Seitensprung selbst gelten.

Nicht ganz einfach: spontan überlegt handeln

Den Haken an der Sache bringt Frank Joachim auf den Punkt: «Handeln Sie spontan, und trauen Sie auf jeden Fall Ihrem Gefühl. Aber tun Sie bei einer so wichtigen Entscheidung nichts Unüberlegtes.» [46] Nicht ganz einfach, zugegeben.

Zudem gilt: «Ein Teil Ihres Zwiespaltes kann [...] daher rühren, daß Sie in die Affäre hineingeschlittert sind, ohne sich über die Folgen im klaren zu sein. Oder Sie haben sie nicht bewußt herbeigeführt und fühlen sich jetzt im Würgegriff von Emotionen, die Sie nicht kontrollieren können.» [47]

Vergessen Sie also bitte nicht:

- Wenn Sie an einen Seitensprung strategisch herangehen, reduzieren sich die Risiken dramatisch!
- Wenn Sie alles unter Kontrolle behalten, bekommen *Sie*, was Sie wollen – und nicht nur alle anderen.
- Nachbarn, Kinderbetreuer, Sekretärinnen, beste Freundinnen und Freunde des Partners usw. sind – wenn irgend möglich – als Seitensprungpartner zu meiden. Gibt nur Ärger.

Zusammenfassung

- *Einen Partner für Ihre Affäre zu finden ist leichter, als einen Partner fürs Leben zu finden.*

- *Legen Sie sich vorsichtshalber und vorausschauend schon mal ein zeitintensives, unkontrollierbares Hobby zu.*

- *Setzen Sie sich einmal in ein Café, teilen Sie die Gäste und Passanten ein in «ja», «nein» und «bei Bedarf». Sie werden sehen: Es kommen so viele in Frage!*

- *Schauen Sie sich andere Paare an. Wenn diese Leute eine/n abkriegen – dann Sie doch wohl erst recht!*

- *Sie suchen niemanden fürs Leben, sondern nur für ein paar gewisse Stunden.*

5. Dieses Kribbeln im Bauch
So lernen Sie (wieder) flirten

Sängerin Pe Werner landete mit ihrem Song über «dieses Kribbeln im Bauch, das man nie mehr vergißt» einen großen Hit bei allen vom (Liebes-)Alltag enttäuschten Frauen der Republik. Verständlich. Schließlich will doch jede/r wieder «Schmetterlinge im Bauch» spüren. Aber: Wie erzeugen Sie bei jemand anderem diese wohlige Gänsehaut des Verliebtseins? Wie kriegen Sie Ihre eingerostete «Flirtmaschine» wieder in Gang? Alles darüber in diesem Kapitel.

Wer sucht, der findet? Vergessen Sie's! Fragen Sie doch mal in Ihrem Bekanntenkreis rum. Diejenigen, die schon lange – und beinahe verzweifelt – auf der Suche sind nach einer Freundin, einem Ehemann, einem Vater für die Kinder oder einer Frau für gewisse Stunden, haben keinen Erfolg.

Die wahrhaft treusorgenden Väter hingegen, die am Wochenende den Nachwuchs durch den Stadtpark karren und abends den Hund ausführen, können sich kaum retten vor Avancen. (Etwas schlechter sieht es für Hausfrauen und Mütter aus, die nicht gar so begehrt sind, aber immer noch bessere Anmachquoten verzeichnen als manche Singles.)

Woran liegt das?

Ganz klar: Wer nicht sucht, verstellt sich nicht. Balzt nicht auf Gedeih und Verderb. «Hat es nicht nötig.» Ist einfach schon durch die Selbstverständlichkeit seines Verhaltens attraktiv.

Insofern haben Sie erst einmal die besten Voraussetzungen. Sie sind nicht panisch auf der Suche nach einem Partner oder einer Partnerin, sondern können einfach abwarten, was passiert.

Oder?!

Zeigen Sie Gelassenheit. Das kommt sowieso immer gut an. Warten Sie ab, lassen Sie sich vom Leben treiben. Wenn es jetzt nicht sein soll, dann eben nicht. Dann eben später. Der richtige Zeitpunkt kommt bestimmt. Wenn er denn kommen soll.

Mich will doch keiner – oder etwa doch??

Denn darum geht es: Wenn sich eine passende Gelegenheit zum Seitensprung ergibt, wie folge ich dem Geschehen, ohne unnötige Scherben zu verursachen?

Wenn Sie blindlings und wild auf der Suche nach einem Lustobjekt sind, haben Sie das falsche Buch gekauft. Oder noch nichts verstanden.

Also: Sie sind *nicht* auf der Suche. Sind oder waren sich vielleicht noch nicht mal im klaren darüber, ob Sie bereit wären, wenn's passiert.

Und plötzlich bemerken Sie die neckenden Blicke der Kollegin, das glasige Starren des Muskelbären am Fitneßgerät nebenan.

Vielleicht haben die letzte Woche auch schon so geguckt, und Sie haben bloß nichts mitgekriegt. Vielleicht auch nicht.

Jedenfalls haben Sie plötzlich das Gefühl, da möchte jemand mit Ihnen flirten.

Aber: Sie wissen kaum noch, wie das geht. Oder Sie denken: Mich meint der/die bestimmt nicht.

Der richtige Mann zur richtigen Zeit

Lassen Sie uns erst mal Ihr Selbstbewußtsein aufmöbeln. Sehen Sie sich um. Setzen Sie sich für eine halbe Stunde in ein Straßencafé, in die Kantine, zu McDonald's, auf den Bahnhof. Gucken Sie sich die Paare an. Die meisten Leute schauen ziemlich durchschnittlich aus und reden bloß dummes Zeug.

Genau wie Sie.

Diese Leute sind ihrem Partner bloß gerade zur richtigen Zeit in der richtigen Stimmung über den Weg gelaufen.

Bestimmung? Schicksal? Oder Zufall?

Sehen wir's mal so: Sicherlich können sich zwei willkürlich zusammengewürfelte Menschen nicht ohne weiteres über die Jahre aneinander gewöhnen (sonst würden ja alle Partnerschaften bestens laufen). Und nicht mal zum Seitensprung ins Bett wäre man mit der Bevölkerungsmehrheit bereit.

Und doch: Warum sollte nicht auch jemand ausgerechnet Sie gut finden?

Schließlich finden ja auch ausgerechnet Sie irgend jemand anders gut, den jede Menge anderer Leute wahrscheinlich keines zweiten Blicks würdigen.

Flirten – und in der Konsequenz: Liebe – ist ein Spiel, ist Spaß, ist spannend.

«Sie stehen unter Zeitdruck, schauen genervt ins Nachbarauto, da durchzuckt Sie ein Kugelblitz von Steiß bis Stirn. Ihr Gegenüber und Sie strahlen sich an, bis die unsensiblen Hintermänner bzw. -frauen Sie beide mittels Hupkonzert unsanft aus diesem kurzen Reich der Träume wecken. Folge: Der Tag ist super, man fühlt sich einfach gut. [...] Heute wird der Flirt weitgehend anders verstanden: als Mittel zum Zweck [... –] strategische Anmache, deren Einleitungsphase als Flirt betrachtet wird, aber durch ihre klare Zielsetzung nicht den Geschmack eines euphorischen Seelenbonbons hinterläßt»[48], beschreibt Isabelle Hommel die nicht ganz unproblematische Sachlage. Mal abgesehen von der Frage, was ein «euphorisches Bonbon» sein mag, ist ihr Hinweis darauf, daß im Grunde nur zweckfreie Flirts wirklich Spaß machen (und somit letztlich doch wieder zweckdienlich sind), sicherlich korrekt.

Wenn Sie nicht den Mut haben, sich einen Korb zu holen, schade. Wer nicht mitspielt, kann auch nicht gewinnen.

Aber was heißt das schon, sich einen Korb abzuholen? Geht das ans Ego? Muß es nicht. «Ich war eben nicht der richtige Mann zur richtigen Zeit», resümiert Boutiquenbesitzer Jens Gehrke nach einer abgelehnten Verabredung. Das war's. Er verschwendet keine fünf Minuten auf den frustrierten Blick zurück.

Denn selbst wenn die Auserwählte mit ihm geflirtet hätte, mit ihm ausgegangen wäre – vielleicht hätte sie dann wiederum ihm nicht gefallen? Wir werden es nie erfahren.

Klar ist nur: Mit je mehr Spaß und guter Laune und mit je weniger Druck und Zwang Sie bei der Sache sind, desto besser!

Der «doppelte Zufall» des Flirtens

Bei den meisten Flirts ist der schiere Zufall mit im Spiel. Und ohnehin beruht jede Beziehung sogar auf einem «doppelten Zufall», wie Frank Joachim ausführt: «Man muß erstens auf einen als passend empfundenen Partner stoßen und es zweitens auch schaffen, die gegenseitige Aufmerksamkeit zu signalisieren. Es genügt nicht, daß beide Beteiligten auf den anderen aufmerksam werden, sie müssen

auch beide in der Lage sein, sich über ihre gegenseitige Sympathie zu verständigen. Das ist nicht immer der Fall. [...] Das Gelingen eines Flirtprozesses ist deshalb durchaus nicht selbstverständlich und stellt für die meisten Menschen ein erstrangiges Erfolgserlebnis dar, das in jedem Fall mit starken Erregungszuständen gekoppelt ist.» [49]

Und danach streben wir schließlich.

Im übrigen können Sie einen besonderen Vorteil für sich verbuchen: Sie halten nicht nach Singles zur Neugründung einer Familie Ausschau! Sie haben durchaus auch Interesse an der unglücklich verheirateten Frau eines Vorstandsvorsitzenden (aber bitte nicht der eigenen Firma), an dem Strohwitwer mit Kind, an der Freundin des Barkeepers. Sie haben Interesse an Menschen, denen es mit hoher Wahrscheinlichkeit genauso geht wie Ihnen – die auch ein bißchen außer Übung sind, und die in ihrer Beziehung viel weniger Aufmerksamkeit erhalten, als sie sich wünschen.

Sind Sie eigentlich ein schlechter Mensch, weil Sie möglicherweise in eine «funktionierende Ehe» einbrechen? Noch vor zwanzig oder dreißig Jahren wäre die Antwort eindeutig ausgefallen. Heute sieht das anders aus. Unsere Position ist: nein.

Partnerwahl

Falls Sie bereits verliebt sind oder meinen, einen Partner für eine Affäre gefunden zu haben, halten Sie inne und denken Sie nach: Ihr Abteilungsleiter ist ein toller Typ, Ihre Nachbarin ist nett – aber sollten Sie nicht doch lieber in anderen Gewässern fischen? Wenn Ihnen nach diesem Test immer noch kein anderer, besserer Partner in den Sinn kommt, soll es wohl so sein: *C'est la vie!*

Lassen Sie uns das mit einem Beispiel begründen.

Der Graphiker Kai Ingwersen (25) wird in Kneipen oft von Homosexuellen angesprochen. Kai hat derzeit eine Freundin, aber auch sonst hätte er kein Interesse. Trotzdem sagt er: «Ich finde das immer wieder nett und charmant, von Schwulen angemacht zu werden. Ich empfinde das als Kompliment.»

Und so ist doch auch Ihre versuchte Kontaktaufnahme zu einem gebundenen Partner zu werten. Der- oder diejenige ist «gebunden», «verbandelt» – aber doch nicht gefesselt! Wir sind lauter freie Menschen, und wenn sich jemand auf Ihre Avancen einläßt, schön für Sie.

Okay, vielleicht servieren Sie jemandem die Gelegenheit, seinen Partner zu betrügen, auf dem Silbertablett. Sie flirten, machen ein Kompliment. Aber es fällt ganz sicher nicht in Ihre Verantwortung, wenn der andere darauf einsteigt und die Gelegenheit wahrnimmt. Im «schlimmsten» Fall verführen Sie – und Ihr Gegenüber läßt sich *eigenverantwortlich* verführen.

Wo gehen Sie auf Lover-Suche?

Kennenlernen können Sie interessante Männer und Frauen (mit den bereits genannten Einschränkungen bezüglich der Eignung zur idealen Affäre):

- unter Kollegen (aber bitte nicht den Chef oder die Vorgesetzte!)
- im Supermarkt
- im Aufzug
- auf Techno-Partys
- in Discotheken
- auf Protestmärschen
- im Kindergarten
- in der Schule
- im Waschsalon
- an der Telefonzelle
- auf Seminaren
- an der S-Bahn-Haltestelle
- im Hausflur
- am Fahrkartenschalter
- im Urlaub
- in der Kneipe
- im Flugzeug
- …

Im Grunde ist es ganz einfach. Sobald Sie Ihre Wohnung verlassen (und selbst das ist nicht unbedingt Voraussetzung, falls Sie z. B. auf die Zeitungsbotin stehen) und Menschen begegnen, könnte ER oder SIE dabeisein.

Denn schließlich sind Sie einfach nur, ganz unverbindlich, auf der Suche nach einem Partner für einen Flirt oder eine Affäre. Deshalb fallen bei Ihnen weniger durch den Rost.

«[...] Er kann tun, was er will, und ich kann tun, was ich will.»

«Wozu bleibt ihr dann verheiratet? [...]»

«Wir lieben uns, das ist der Grund.»

«Hört sich aber ganz und gar nicht danach an.»

«Aber ja doch. So lautet unsere Abmachung. Würde ich Ben nicht seine Freiheit lassen, könnte ich ihn niemals halten.»

«Also treibt er sich herum, während du brav sitzen bleibst und wartest, daß dein verlorener Gatte nach Hause kommt. Ich finde das nicht gerade eine faire Abmachung.»

«Doch, das ist fair. Und zwar deshalb, weil ich es akzeptiere, weil ich glücklich damit bin. Selbst wenn ich meine Freiheit nur sparsam nutze, steht sie mir doch jederzeit zu. Sie ist ein Recht, das ich jederzeit ausüben kann, wann immer ich Lust dazu habe.»

«Wie jetzt zum Beispiel.» [...] Ich streckte ihr die Arme entgegen, und sie kletterte mir wortlos auf den Schoß [...]. Und dann rissen wir die Münder auf, schlangen die Zungen wild umeinander, besabberten einander das Kinn und knutschten wie zwei Teenager auf dem Rücksitz eines Autos.[50] (Paul Auster, *Leviathan*)

Immer mit der Ruhe

Viel wichtiger ist: Was tun Sie, wenn sich plötzlich Blickkontakt einstellt?! Denn erstens wissen Sie vielleicht noch gar nicht so recht, *ob* Sie wollen, und *wenn* Sie wollen, *was* Sie wollen. Eines wollen Sie jedenfalls ganz bestimmt nicht: daß Ihr Partner Wind von der Sache bekommt.

Dies vorweg: Eile ist jetzt *nicht* geboten! Diesen Ratschlag geben Partnerschaftsberater auch immer wieder einsamen Singles – und stets vergeblich. Aber in Ihrem Fall ist es doppelt wichtig, daran zu denken, und Sie haben zugleich bessere Chancen, sich daran zu halten.

- Eile wirkt panisch. Panik ist unsexy.
- Wer hastet, macht Fehler.
- Sie haben es gar nicht nötig, sich angestrengt zu beeilen. Dieses Signal wollen und können Sie aussenden.
- Sie haben es *tatsächlich* nicht nötig, sich angestrengt zu beeilen – oder?!

Die schönste – oder zumindest die spannendste – Zeit ist ohnehin die vor dem Vollzug. Also gehen Sie die Sache ruhig an. Hier ein paar Tips:

- Männer sind generell unsensibel erotischen Signalen gegenüber. Wenn er nicht reagiert, hat er's womöglich nicht kapiert. Noch mal versuchen.
- Sie sind nicht notgeil. Oder? Oder?? Dann benehmen Sie sich auch nicht so.
- Glotzen Sie Frauen nicht zu lange auf den Busen.
- Starren Sie Männern nicht zu lange in den Schritt. Auf die muskulösen Schultern schon eher.
- Machen Sie am Anfang keine eindeutig-doppeldeutigen Bemerkungen, sondern allerhöchstens doppeldeutige.
- Denken Sie, bevor Sie reden.
- Haben Sie jemanden auf neutralem Grund neu kennengelernt, dann verhalten Sie sich ganz normal. Erzählen Sie daheim, was für ein nettes Wesen Ihnen heute im Supermarkt geholfen hat, als Ihre Tüte geplatzt ist. Lügen Sie erst, wenn es sein muß!
- Melden Sie sich nicht zu oft bei Ihrem Flirtpartner, warten Sie ab, lassen Sie die Zeit für sich arbeiten. Bleiben Sie allen Beteiligten gegenüber so lange wie möglich bei der Wahrheit.
- Schämen Sie sich nicht für etwas, das bisher nur in Ihrer Phantasie geschehen ist. Benehmen Sie sich auch nicht so, als schämten Sie sich.
- Wollen Sie Zeit allein mit Ihrer Sekretärin, der Kollegin Ihrer Frau, dem Bodybuilding-Trainer verbringen? Wollen Sie ihn oder sie einladen? Denken Sie sich unbedingt eine absolut hieb- und stichfeste Ausrede aus! Nicht nur den Daheimgebliebenen zuliebe, sondern auch als offiziellen Grund für eine Einladung. Denn der/die andere ahnt möglicherweise nichts von Ihrem Interesse – und teilt es auch nicht. Dann bleibt Ihnen durch Ihre doppelte Absicherung noch die Möglichkeit des geordneten Rückzugs!
- Kaufen Sie sich – wenn es finanziell möglich ist – ein Handy. Denken Sie sich einen guten Grund aus, warum Sie das Ding brauchen. Wichtige geschäftliche Gründe machen sich immer gut. Machen Sie Ihrem Partner klar, daß er nie rangehen soll. Bestellen Sie die Auflistung der Rufnummern auf der Rechnung unbedingt ab!

Männer wie Frauen schätzen Aufmerksamkeit sehr. Seien Sie aufmerksam! Machen Sie sich notfalls Notizen, worüber Sie beim letzten Mal gesprochen haben. Die Leute, die Ihnen am Telefon Versicherungen und windige Immobilienbeteiligungen verkaufen wollen, machen es genauso. Warum einen guten Trick nicht in den Dienst einer guten Sache stellen? Aber: Lassen Sie die Notizen auf keinen Fall offen herumliegen!

Keine Monologe halten. Sie interessieren sich für Ihr Gegenüber? Das wollen wir auch gehofft haben! Also: Fragen Sie, hören Sie zu. Kaum etwas ist ganz zu Anfang erotischer, als für interessant gehalten zu werden.

- An die Herren: Seien Sie Kavalier. Bringen Sie zum ersten verabredeten Treffen ein kleines Geschenk mit. Aber Achtung: Keine wertvollen oder zu persönlichen Geschenke! Die können später als Beweismaterial gegen Sie verwendet werden. Profi-Tip eines notorischen Fremdgängers: «Es muß billig und alltäglich genug sein, um im Notfall unverbindlich zu wirken, aber gleichzeitig sensibel genug, um als persönlich angesehen werden zu können. Ich wähle immer gern eine Flasche Champagner oder eine noch eingeschweißte Klassik-CD, natürlich ohne Bon oder Preisschild – soviel Vertrauen in Ihren guten Geschmack müssen Sie schon haben.» Bezahlen *Sie* im Lokal die Rechnung.
- An die Damen: Lassen Sie ihn Kavalier sein. Lassen Sie ihn die Rechnung bezahlen. Lassen Sie sich die Türen aufhalten. Behalten Sie trotzdem die Kontrolle; Sie sind doch nicht käuflich. Der ideale Flirtpartner fragt vielleicht am Ende eines netten Abends freundlich, ob er «auf einen Kaffee» mit raufkommen darf. Sie können ja sagen, aber Sie dürfen auch ablehnen. Die Maklerin Ira Post (37) bekam als Antwort auf ihre Absage einmal den charmanten Satz zu hören: «A man has to propose, a woman has to decide.» (Der Mann muß den Vorschlag machen, die Frau entscheidet.) Genau. Und morgen ist auch noch ein Tag.
- Lassen Sie sich nie unter Druck setzen, und erzeugen Sie auch keinen Druck.

Wissen Sie eigentlich noch, wie das geht: Flirten? Dazu gehören:
- Augenkontakt
- lächeln

mit den Fingern durch die Haare fahren (Achtung, Männer: Wir meinen frisch gewaschene Haare, aus denen keine Schuppen rieseln.)

- «zufällige» Berührungen
- körperliche Nähe (achten Sie mal drauf, wie fern Menschen üblicherweise einander bleiben)
- spiegelbildliche Körperhaltung
- Einvernehmlichkeit der Meinungen
- Großzügigkeit, Großherzigkeit.

So einfach geht das. Gute Laune zu haben ist ein Hilfsmittel, wird aber andererseits auch durch einen Flirt gefördert.

Einer der schlimmsten – und häufigsten – Fehler: überaktiv zu werden und zu begrapschen, was nur bewundert werden sollte.

Wie kann es dann weitergehen nach der ersten Kontaktaufnahme? Machen Sie nicht den Fehler, sofort «aufs Ganze» gehen zu wollen.

Niemand fühlt sich gern als Freiwild.

Tasten Sie sich charmant, vorsichtig und spielerisch vor

Wagen Sie sich vor – ja. Aber auf die charmante Art und bereit, jederzeit wieder elegant zurückzutreten! (Das gilt nicht nur für Männer.) Kurz: Seien Sie berechnend, aber amüsieren Sie sich dabei. Das ist eine ganz gute Mischung.

Achten Sie darauf, den Kontakt des/der anderen zu Ihnen klar einzugrenzen: «Bitte keine Anrufe bei mir zu Hause, mein Mann wird immer so schnell eifersüchtig, auch wenn zwischen uns ja gar nichts ist», so in der Art. Für den anderen ist das wiederum ein Signal, daß eben doch etwas ist oder anstehen könnte.

Sorgen Sie dafür, daß keine Geschenke, Blumenbuketts und nach Parfum duftende Briefe zu Ihnen nach Hause geschickt werden!

Am einfachsten und sichersten ist es, wenn Sie nur im Büro (oder während der feste Partner im Büro ist) zu erreichen sind. Besser noch: Sie melden sich zu einem vereinbarten Zeitpunkt. (Noch besser: erst zwanzig Minuten *nach* dem vereinbarten Zeitpunkt. So heucheln Sie interessiertes Desinteresse.)

Mehr dazu erfahren Sie in Kapitel 7: «Wo und wie und wann».

Flirten am Rande des Abgrunds

Wie aber flirten Sie mit jemandem, der seinerseits einen Partner hat? Am Rande des Abgrundes!

- Rufen Sie ihn/sie einmal zu Hause an, legen Sie einen unverbindlichen Plauderton an den Tag. Ihr Anruf an sich ist das Signal.
- Schicken Sie – anonym! – ein Geschenk. Eine CD oder ein Buch, über das Sie beide gesprochen haben. Keine Karte, kein Absender. Der/die andere muß sich denken können, von wem das Präsent ist. Und warum keine Karte dabeiliegt ...
- Kein Schmuck! Keine Gravuren! Keine Blumen! Nichts Handschriftliches. Keine Gedichte.
- Schlagen Sie auch für ganz harmlose Treffen inkriminierende Orte oder Zeiten vor. «Du gehst doch immer dienstags zum Sport. Wollen wir da nicht mal ins Kino gehen, dann mußt du Anne nichts davon erzählen.» Wenn es (noch) gar keinen Grund gibt, etwas zu verheimlichen, entsteht er so. Und schon sind Sie verschworene Partner.
- Seien (oder tun) Sie stets interessiert, überspitzt dargestellt: «Ich finde das so spannend, was du erzählst, ich weiß gar nicht, warum das deinen Mann nicht interessiert. Also, ich interessiere mich immer sehr für die Erlebnisse meiner Frau.» (Nicht die Bohne? Kein Wort darüber.)
- Trockenschwimmen: «Sag mal, würdest du es eigentlich deinem Mann sagen, wenn du eine Affäre hättest?»

Kommt Ihnen das romantisch vor? Nicht so recht? Das kann es aber durchaus sein – aus dem richtigen Blickwinkel betrachtet. Andererseits aber können Sie alle diese Dinge noch «hinforterklären», wenn die Sache sich nicht wie gewünscht entwickelt. («Komm, Mann, ich war mit deiner Frau mal im Kino, keine Ahnung, warum sie's dir nicht gesagt hat, und dann haben wir noch 'n Bierchen getrunken und ein wenig geplaudert, nichts Großes ... CD? Was für eine CD? Ich hab ihr keine CD ... Und könntest du bitte mal das Messer wegstecken?»)

Zu einem späteren Zeitpunkt oder wenn Sie bereits fremdgehen, werden Sie vielleicht das Bedürfnis haben, eindeutigere Signale zu setzen. Wir möchten Ihnen auch dazu gern ein paar Anregungen geben. Aber bedenken Sie: Ein Geschenk kann durch bestimmte Begleitumstände sehr persönlich wirken – ein eindeutig personalisiertes Geschenk und alles Handschriftliche (oder gar beides zusammen) hingegen erhöhen Ihr Risiko. Was nicht heißt, daß Sie nun grundsätzlich nie Gedichte oder Liebesbriefe schreiben sollen. Sie sollten nur wissen, worauf Sie sich einlassen.

Darüber hinaus sollten Sie die Tatsache nutzen, daß Ihr Partner/Ihre Partnerin wahrscheinlich in seiner/ihrer Beziehung nicht hundertprozentig glücklich ist (was ganz normal ist, denn wer ist das schon?). Sie sind also strategisch im Vorteil. «Meine Freundin braucht nur zu sagen, wie unaufmerksam ihr Mann bei dieser und jener Gelegenheit war, und ich werde sobald wie möglich darauf zurückkommen und ihn übertrumpfen. Im direkten Vergleich habe ich zudem den Vorteil, daß mein ‹Gegner› nichts von mir weiß», entdeckte Verlagskoordinator Jan Michaels (39).

Sie merken schon: Sie können (fast) alles tun, was Sie auch sonst tun würden. (Daß Sie sich ab und zu waschen und frische Wäsche tragen, was Frauen allen Umfragen nach von ihren Ehemännern und Liebhabern immer noch am häufigsten wünschen, setzen wir jetzt mal voraus.)

Sie müssen nur das Grundprinzip einer Geste oder eines Geschenkes erkennen und ummünzen auf den Seitensprung. Denn was soll sie mit einem Riesenstrauß roter Rosen? Wegwerfen? Aber eine einzelne Rose wird sie mit nach Hause schummeln, trocknen und aufheben.

Und er übrigens auch!

Also: Seien Sie romantisch.

Vergessen Sie nicht Ihren Partner daheim

Die wenigsten Affären kommen aufgrund äußerer Indiskretionen heraus. Aber die meisten Partner werden mißtrauisch, wenn einstige Stubenhocker plötzlich sechsmal die Woche mit freudig glänzenden Augen nachts um zwei vom «Sport» kommen.

Also: Nicht nur Ihre Ausreden müssen stimmen (dazu später

mehr), auch Ihr Auftreten. Und dazu gehört, der Dame oder dem Herrn des Hauses deutlich zu machen, wie sehr Sie sie bzw. ihn schätzen.

Nicht mit einem Haufen Geschenke. (Nichts macht – vor allem Frauen – mißtrauischer als *plötzliche* Großzügigkeit!)

Aber mit kleinen, *regelmäßigen* Aufmerksamkeiten. Wie:

* Theatertickets
* Blumen
* ein Anruf von unterwegs: «Du fehlst mir.»
* ein Restaurantbesuch
* ein gemütlicher Video-abend
* ein kleines Geschenk, z. B. ein Buch, das er/sie neulich beiläufig erwähnt hat
* Vertrauen: Erzählen Sie, was Sie bewegt (außer dem Thema Seitensprung, klar?). Aber achten Sie darauf, daß Sie nicht durcheinanderkommen und nicht mehr wissen, was Sie dem Ehepartner erzählt haben und was der/dem Geliebten.

> «Ich glaube, daß der Mensch polygam und nicht monogam ist. Trotzdem ist Treue etwas ganz Wichtiges. Gar nicht unbedingt im Sexuellen. Was für mich zählt, ist das Versprechen, daß man zueinander steht. Ich habe gemerkt, daß es für mich nichts Schlimmeres gibt als die Tatsache, daß mein Partner sich in entscheidenden Momenten abwendet.»
> (Caroline B., 36, Rechtsanwältin)

«Der Partner kommt nicht zu kurz, wenn zwar die Produktion von Liebe für eine Nebenbeziehung erhöht wird, die Menge der an den Erstpartner exportierten Liebe aber gleich bleibt», befindet Frank Joachim etwas buchhalterisch, «die Situation kann sich allerdings schlagartig ändern, wenn der erste Partner von der Konkurrenz erfährt und zu streiten beginnt.» [51]

Seien Sie deshalb gegenüber Ihrem festen Partner aufmerksam. Bleiben Sie aufmerksam. Übertreiben Sie aber auch nicht. Geben Sie keinen Anlaß zu Mißtrauen oder Beschwerden. Verhalten Sie sich ganz normal. (Was soll das heißen, «ganz normal» sei, keine Geschenke zu machen? Was sind Sie denn für ein Stoffel?)

«Faire» Seitensprünge sind ganz schön stressig

«Untreue ist teuer», stellte denn auch nicht nur Jan Michaels fest. «Du willst deiner Geliebten was bieten, du willst deiner Frau was bieten, du willst beide davon überzeugen, was für ein toller Hecht du bist – das geht ins Geld. Und geschlafen habe ich auch nicht viel in dieser Zeit. Nicht, weil da soviel Sex gewesen wäre. Sondern weil ich dauernd unterwegs war. Drei Tage mit der einen ausgehen, drei Tage mit der anderen ausgehen. Was für ein Streß!»

Um nicht die Übersicht zu verlieren, sollten Sie in Ihr kleines geheimes Notizbuch besser auch eintragen, was Sie Ihrer Frau/Ihrem Mann in letzter Zeit geschenkt haben. (Notfalls weichen Sie auf das gleiche Parfum für beide aus. Aber das ist dann nur noch ganz knapp oberhalb der Schamgrenze.)

Zusammenfassung

- *Wer nicht sucht, der findet. Seien Sie Sie selbst, bleiben Sie ganz locker – das ist am attraktivsten.*

- *Flirten ist ganz leicht. Verlassen Sie sich auf Ihr Gefühl. Wenn Sie sich fühlen wie ein Betonklotz, ist etwas nicht in Ordnung. Ihre Leichtigkeit muß echt sein, nicht angestrengt aufgesetzt.*

- *Flirtpartner treffen Sie allerorten. Üben Sie. Flirten Sie nur so zum Spaß – um Ihre Angst zu verlieren. Ein Blick in die Augen des Kassierers an der Supermarktkasse, ein Lächeln – genau, richtig, weiter so!*

- *Eile ist fehl am Platz.*

- *Bringen Sie zur ersten Verabredung ein kleines Geschenk mit. Nicht zu teuer, nicht zu intim, nicht zu unverbindlich.*

- *Widmen Sie sich nach wie vor (!) – aber nicht in auffällig verstärktem Maß – Ihrem Lebenspartner. Zu Hause bleibt alles, wie es war!*

6. Reden ist Silber ...
Über den Sinn und Unsinn von Geständnissen

*Was ist schlimmer? Betrogen zu werden und nichts
davon zu wissen oder zu ahnen? Alles en detail zu
erfahren? Oder gar von Dritten darauf aufmerksam
gemacht zu werden? Schwer zu sagen. Was keiner
weiß, macht keinen heiß – meinen wir. Aber Geheimnisse haben die unangenehme Tendenz, doch
noch herauszukommen. Auf alle Fälle sollten Sie
sich, bevor Sie eine Affäre beginnen, überlegen, ob
und wie Sie's handhaben wollen und können: reden
oder schweigen?*

Ich weiß, es klingt abartig, aber es war die schönste Zeit meines Lebens», berichtet die 52jährige Hotelfachfrau Barbara
Heinemann, «mein Mann Karl verbrachte immer abwech-
selnd eine Woche bei mir und eine Woche bei seiner Geliebten, und
jedesmal wenn er wiederkam, war das ganz toll, sehr aufregend, wie
bei einem Rendezvous. Ich habe mir die Haare gewaschen, mich
geschminkt, was Nettes gekocht. Wir haben geredet, Champagner
getrunken, sind ins Bett gegangen und im Grunde über uns hergefal-
len. Ich fand das toll.» Dann fügt sie mit leiserer Stimme hinzu:
«Aber als er dann gesagt hat, er kommt zu mir zurück, das war
schon wunderbar.»

Das Tolle am menschlichen Geist ist, daß er mühelos etwas zu-
stande bringt, woran Computertechniker weltweit seit Jahrzehnten
vergeblich herumtüfteln: Mehrere Ebenen gleichzeitig zu verarbeiten und bearbeiten, Emotionen und Vorgänge zu beurteilen, zu verdrängen oder zu überspielen, Situationen zu manipulieren, andere
Menschen einzuschätzen und aus einer gegebenen Situation möglichst das Beste zu machen.

Barbara war eines klar: «Sie hat ihn mir ja nicht weggenommen.
Hätte er bei mir – nur bei mir – bleiben wollen, hätte er das ja getan.
Es ist nicht ihre Schuld, nicht ihre Verantwortung, sondern seine.»

Trotzdem wäre es ihr lieber gewesen, die ganze Sache wäre nicht
passiert.

Aber hätte Karl es ihr verschweigen sollen? Sie denkt nach, schüttelt dann den Kopf. «Nein. Das wäre ja auch gar nicht gegangen, weil er über ein halbes Jahr gleichermaßen bei ihr wie bei mir gewohnt hat, aber auch sonst – nein, ich bin schon froh, daß er mit offenen Karten gespielt hat. Ich mußte mich nicht sorgen, wo er steckt, was er macht, warum er weg ist. Ob er mich anlügt. Ich wußte, woran ich bin. Ich habe mir manchmal die Augen ausgeheult, ganz klar. Aber ich habe die Wochen, in denen Karl nicht da war, auch genutzt, um mich in aller Ruhe mit meinen Freundinnen zu treffen, meine Hobbys zu pflegen, und wenn er dann zurückkam, dann gab es nur ihn und mich. Ach, das fand ich schon auch schön!»

Die offizielle «Ehe zu dritt» geht selten gut

Eine Idealvorstellung, die viele teilen: Qualität statt Quantität. Man sieht sich seltener, aber dann richtig und voller Freude. Das klappt jedoch selten, zumindest nicht über längere Zeit. Und: Es ist sehr zeit- und kraftaufwendig.

Ein ähnliches Modell (ohne Untreue) stellt der immer häufigere Wunsch von Paaren dar, entweder von Anfang an in zwei Wohnungen wohnen zu bleiben oder sich – wenn die Ehe bereits nach eingeschlafenen Füßen riecht – räumlich zu trennen, um innerlich wieder zueinanderzufinden.

Über eine gewisse – und meist relativ kurze – Zeit kann sich auch ein Dreieck aus zwei Partnern und einem oder einer Geliebten stabilisieren (und sogar als ganz angenehm erscheinen, weil – obwohl z.T. gezwungenermaßen und ungewollt – neue Freiheiten entstehen).

Immer wieder schlagen fremdgehende Männer (unseren Informationen nach Frauen selten oder nie) vor, die Geliebte könne doch daheim einziehen. Dann wäre doch alles soviel bequemer und billiger, und du hast auch jemanden, mit dem du reden kannst, wenn ich unterwegs bin, Schatzi.

> «Ich würde über einen Seitensprung Bescheid wissen wollen. Und würde es auch selber sagen. Ehrlichsein ist bestimmt nicht einfach und kann sehr verletzend sein, aber es ist auf lange Sicht der bessere Weg.»
> (Petra M., 27, Journalistin)

Und tatsächlich lassen sich Frauen manchmal auf derartige Experimente ein. Was nicht einmal heißen muß, daß sie dabei unglücklich werden. «Das war eine schöne Zeit», sagt auch Sigrid Linde (34). «Ich fand die Geliebte meines Mannes ganz nett, sie paßte zwei Tage die Woche auf unsere Kinder auf, so daß ich auch mal wieder ausgehen konnte, und der Rainer war in der ganzen Zeit unheimlich gut drauf.» Die Liebes-WG zerbrach, als Rainers Dauerfreundin ihn ganz für sich wollte, er aber Frau und Kinder nicht verließ.

Schauen wir uns einmal die durchschnittliche Lebens- und Wohnsituation in unserem Land an. Es dürfte eigentlich jedem klar sein, daß der Mensch nicht für einsames oder eineheliches Wohnen in kleinen Betonwürfeln geschaffen ist.

So sehr eine Großfamilie nerven kann: Das Dasein im Verband oder – um zu den Wurzeln der menschlichen Geschichte zurückzugehen – im Rudel, in der unübersichtlichen Familienstruktur der Höhlenmenschen, wo die Männer noch Mammuts jagten und die Frauen Beeren sammelten und Kinder großzogen und jeder mit jedem ... Also, da war vielleicht weniger Action im Leben und mehr Gleichmaß, aber irgendwie erscheint diese Lebensweise sinnvoller und einfacher.

Wir wagen trotzdem zu bezweifeln, daß Sie mit Ihrer eigenen Liebschaft versuchen werden, die westliche Zivilisation umzukrempeln. Das kann gelingen. Aber die Chancen stehen schlecht.

Machen Sie Ihrem Partner das Leben nicht sinnlos zur Qual

Insgesamt und im Schnitt kann man sagen: Wer einen Seitensprung begeht und dies beichtet, um sein Gewissen zu erleichtern, verletzt den Partner sehr. Denn dieses Wissen zehrt am Ego (genüge ich dir nicht mehr, findest du mich nicht sexy?), zerstört die Vertrauensbasis (du hast mich einmal belogen, was kann ich dir noch glauben?).

Vielleicht wird es aus Ihrer Sicht nicht gerechtfertigt erscheinen, wenn Ihr Partner mit solchen Empfindungen reagiert. Aber mit hoher Wahrscheinlichkeit wird Ihnen dennoch genau dasselbe blühen wie den meisten anderen: jede Menge Ärger und Streß. Und davon haben Sie doch schon im Büro und mit den Kindern genug, nicht wahr?

Auf jeden Fall sollten Sie darauf achten, daß Ihre Affäre im

Bekannten- und Freundeskreis sowie dem weiteren Lebensumfeld unbekannt bleibt. Sonst wird für den betrogenen Partner jeder Gang zum Metzger zum Spießrutenlauf – anfangs tuscheln plötzlich alle, ohne daß klar ist, warum, später werden dann schon deutliche Anspielungen gemacht. Was natürlich keineswegs in Ihrem Interesse und eine sinnlose, vermeidbare Qual für den/die andere/n ist.

Außerdem: Was soll das bringen, einen Seitensprung zu gestehen? «Ich habe meine/n Geliebte/n verlassen und dir alles erzählt. Was willst du denn noch von mir?» Mit diesem Problem plagen sich zahlreiche mehr oder weniger ernsthaft reumütige Heimkehrer herum. Sie haben gestanden. Sie haben abgeschworen. Und nun? Nun ist Streit und Stunk.

«Meine Lebensgefährtin hat sich alles angehört, dann hat sie einen hysterischen Anfall bekommen, hat geschrien und getobt. Das kann ich ja alles noch nachvollziehen», berichtet Henning Wulff (29), Angestellter. «Aber seitdem habe ich keine ruhige Minute mehr. Sie ruft mich dauernd im Büro an. Sie verlangt, daß ich meiner Sekretärin – mit der ich die Affäre hatte – einen neuen Arbeitsplatz zuweise. Sie will immer wieder wissen, was mich an ihr gestört hat, ob ich sie noch liebe, was ich in meiner Freizeit mache, wann ich nach Hause komme. Es ist grauenhaft! Mein Gott, ich

> «Ich flirte unheimlich gern. Aber ich lege es auf gar keinen Fall darauf an fremdzugehen. Und es würde mich bestimmt nicht glücklicher machen, wenn meine Frau mir eines Tages einen Seitensprung beichtet.»
> (Thomas B., 35, Ingenieur)

war ein paarmal mit einer anderen Frau im Bett, aber mehr war auch nicht! Ich habe mich von meiner Geliebten getrennt und bin zu meiner Lebensgefährtin zurückgekehrt – aber ich glaube mittlerweile, das war ein Fehler! Am liebsten würde ich sofort in die Arme meiner Freundin sinken.»

Aber: «Ihren Partner […] bringen […] Ihre offensichtlichen Versuche, den Schaden herunterzuspielen und einfach weiterzumachen, höchstwahrscheinlich auf. Der betrogene Partner muß auch eine Wut verspüren, die genauso stark ist wie die Verliebtheit des Untreuen, eine Angst, die genauso stark ist wie die Freude des Untreuen, eine Rache, die genauso stark ist wie der Betrug des Untreuen», findet die amerikanische Therapeutin Janis Abrahms.[52]

Wir sehen zwar nicht ganz ein, warum alle diese Empfindungen «genauso groß» und «genauso stark» sein müssen – Auge um Auge, Zahn um Zahn? –, aber im Grundsatz ist da natürlich etwas dran.

Lügen tötet die Beziehung – oder rettet sie. Je nachdem ...

Sie können wohl kaum von jemandem, der ohne Arg mit Ihnen zusammengelebt hat, erwarten, er oder sie würde mit großer Lässigkeit über Ihre Affäre hinwegsehen.

Nicht nur die Tatsache, daß Sie Ihren Partner verletzen würden, ist also ein guter Grund, den Mund zu halten. Sie ersparen auch sich selbst den Ärger.

Andererseits haben Sie vielleicht das dringende Bedürfnis, sich aus dem Gestrüpp von Lügen zu befreien, in dem Sie sich verfangen haben. Nun, ehrlich gesagt: Das können wir verstehen. Aber das ist *Ihr* Problem, nicht das Ihres Partners.

«Jeder Versuch, den anderen irrezuführen, ist ein Machtspiel, das sich letztlich negativ auf die Beziehung auswirkt. [...] Unehrlichkeit schafft Distanz»,[53] schreibt Frank Pittman in «Angenommen, mein Partner geht fremd». Im Hinblick auf den etablierten – oft unausgesprochenen – Treuevertrag zwischen zwei Partnern mag er recht haben.

Wir aber schlagen vor – und Sie müssen dem keineswegs zustimmen –, diesen Treuevertrag einseitig aufzukündigen. Wenn Sie sich entscheiden, eine heimliche Affäre zu haben, gehen Sie ohnehin von vornherein davon aus, daß Ihr Partner dies mißbilligt. Die folgerichtige Entscheidung ist, es ein für allemal für sich zu behalten. Nachdem Sie den nicht geschworenen Treueschwur sowieso schon gebrochen haben, macht das den Kohl auch nicht mehr fett. Die Untat ist – wenn überhaupt – der Seitensprung, nicht das Schweigen.

Vor- und Nachteile eines Geständnisses

Allerdings berichten die bücherschreibenden Therapeuten, daß zahlreiche Ehen in die Brüche gehen, nicht weil einer in fremden Betten schlief, sondern weil er anschließend «auch noch» log. Kann sein.

Wir glauben, es gibt einige *ungerechtfertigte Gründe* zu «gestehen»:
- Sie wollen Ihr Gewissen entlasten.
- Es soll eine «Beichte» werden, d. h. eine Erlösung von der Schuld.
- Sie wollen vor Ihrem Partner angeben.
- Sie wollen von Ihrem Partner Rat in bezug auf Ihre zusätzliche Partnerschaft.
- Sie wollen Ihren Partner verletzen.

Es gibt natürlich auch zahlreiche *gute Gründe*, die Wahrheit zu sagen, z. B.:
- Sie wollen es lieber selber sagen, bevor es herauskommt (falls dies wahrscheinlich oder absehbar und unvermeidlich ist).
- Ihr Liebhaber / Ihre Freundin erpreßt Sie.
- Sie erwarten ein Kind von Ihrem Liebhaber.
- Ihre Freundin erwartet ein Kind von Ihnen.
- Sie haben sich mit Aids oder einer Geschlechtskrankheit infiziert.
- Sie haben die gleichgeschlechtliche Liebe als Ihre wahre Bestimmung entdeckt.
- Sie wollen Ihren Partner provozieren, etwas zu ändern; Ihnen beiden ist klar, daß der Seitensprung nur Symbol und Mittel zum Zweck war.
- Ihnen ist im Verlauf der Affäre klargeworden, was Ihnen bei Ihrem Partner fehlt, Sie möchten die ursprüngliche Paarbeziehung gern aufrechterhalten und wissen keinen anderen Weg, die neugewonnenen Informationen einzubringen.

Was Sie tun können, aber nicht sollten

Sicherlich können Sie auch versuchen, Ihrem Partner das zu erwartende Kind «unterzujubeln» (es sei denn, es hat z. B. die falsche Hautfarbe), Sie können Ihre Aids-Infektion verschweigen (was wir für unverzeihlich hielten), Sie können das Kind Ihrer Geliebten heimlich unterstützen (vorausgesetzt, es ist genug Geld da).

Sie können auch in die Lage kommen, daß Ihre Partnerin oder Ihr Partner bereits Bescheid weiß – nicht nur intuitiv, sondern ganz konkret: Weil Ihr Lover entschieden hat, die Sache mit einem gezielten Anruf mal voranzutreiben, oder weil Sie von einer Bekannten Ihrer Frau im Restaurant beim Knutschen mit einer anderen beob-

achtet wurden, weil Sie beim Sex den falschen Namen gestöhnt haben oder im Schlaf sprechen, weil das kleine Hotel in der Nordheide ungefragt die vergessenen Ohrringe an die falsche Dame zurückgesandt hat, weil Ihr Partner beim Autostaubsaugen ein benutztes Kondom gefunden hat – hunderttausend Dinge können schiefgehen. Was glauben Sie denn, warum es keine Versicherung gegen mißlungene Seitensprünge gibt? Weil das Risiko zu hoch ist!

> «Es gibt keine Regel, wie Menschen zu leben haben. Für einen ist ein Doppelleben tödlich, für den anderen himmlisch.» (Christoph P., 38, Zahntechniker)

Sie sollten sich also über drei Dinge klarwerden:

- Will ich alles beichten – und warum?
- Ist mein Mund versiegelt – und warum?
- Was tun Sie bei einer direkten Konfrontation?

Ihre Einstellung dazu kann sich im Verlaufe einer Affäre durchaus ändern. Sie sollten aber jederzeit wissen, wo Sie stehen. Dann werden Sie gegebenenfalls rechtzeitig darauf achten, keine Beweisstücke zu hinterlassen. Und Sie müssen nicht lange überlegen, wenn Sie gefragt werden: «Du betrügst mich!» Denn wenn Sie daraufhin auch nur den Bruchteil einer Sekunde zögern, haben Sie sowieso verloren.

Vorsicht: Konfrontation!

Aber sehen Sie sich vor. Unterschätzen Sie niemals Ihr Gegenüber, Ihren Lebenspartner. Denn genau dazu neigen wir alle, wenn wir uns (und sei es auch nur zeitweilig) zu jemand anderem hingezogen fühlen. Vorsicht, Falle!

In genau diese tappte Ingeborg Hinrichsen (41), Hausfrau. «Ich hatte einen Geliebten, ging mit ihm in eine Kneipe. Eine, in der ich mit meinem Mann nie gewesen war. Wir setzten uns ganz nach hinten. Wir waren frisch verliebt und überzeugt, es würde schon nichts passieren. Meinem Mann hatte ich erzählt, ich ginge zum Bowling. Dummerweise sah uns ein Arbeitskollege meines Mannes knutschen. Er verriet uns. Als mein Mann am nächsten Abend fragte, ob ich ein Verhältnis hätte, schüttelte ich den Kopf. Mir war ja nichts nachzuweisen – dachte ich. Erst danach sagte er mir, was er erfahren hatte. Schönreden konnte ich die Sache nicht mehr. Nur noch behaupten, ‹es› wäre noch nicht passiert. Und ich hätte ihn nicht beunruhigen und belasten wollen, hätte die Sache sowieso beenden wollen. Aber der Schaden war angerichtet. Am meisten verübelte er mir, daß ich ‹auch noch› gelogen hatte. Obwohl er mich doch in die Falle hat laufen lassen!»

> «Nicht sündigt die Frau, die leugnen kann, gesündigt zu haben; nur die gebeichtete Schuld bringt in Verruf.»
> (Ovid, römischer Dichter)

Nur wenn Ihnen nichts, aber auch gar nichts nachzuweisen ist, wenn Sie absolut (oder jedenfalls ziemlich) sicher sind, daß Ihr(e) Geliebte(r) den Mund hält, wenn Sie im Härtefall bereit sind, die Liaison sofort und ohne Federlesens zu beenden, dann können Sie riskieren, alles abzustreiten. Ansonsten gilt derzeit als relativ akzeptable Position: «Ich wollte dir nichts sagen, um dich nicht zu verletzen. Aber wenn du so fragst – ja, ich habe eine Affäre.»

- Wenn Sie also im Verlauf einer Affäre nicht erwischt werden, hinterher aber «gestehen» wollen, befolgen Sie unsere Geheimhaltungsstrategien im folgenden Kapitel – und legen Sie hinterher alles offen.
- Wenn Sie auf immer und ewig Ihr Geheimnis bewahren wollen, tun Sie das. Bei uns erwerben Sie die notwendigen Grundkenntnisse. Und wir verraten Ihnen auch, was zu tun ist, wenn zwischendurch mal das Gewissen kneift. Denn das wird es tun, verlassen Sie sich drauf.
- Bleibt der Fall: Sie werden urplötzlich zur Rede gestellt. Sie sollten jederzeit darauf vorbereitet sein. Ein Vorwurf kann nämlich auch ein Testballon sein, und Ihre Reaktion erst die Bestätigung. Und: Alle Menschen – Männer wie Frauen – wissen intuitiv viel mehr, als Sie annehmen. Seien Sie also auf der Hut!

Und wenn Sie doch gestehen ...

Überlegen Sie sich genau, was Sie im Notfall gestehen. Denn niemand – außer Ihnen selbst – kann Sie zwingen, alles zu sagen. Kann sein, daß es Ihnen damit besser ginge. Kann aber auch sein, daß Sie alles nur noch schlimmer machen.

Wie der PR-Manager Gerald Schmidt (37), der seine Freundin regelmäßig in seine Tagungshotels einfliegen ließ. «Wir haben uns die Flugkosten geteilt, Geld genug war da», sagt er. «Ich fand das besser, als mich daheim in München für ein paar Stunden in ein schäbiges Hotel zu schleichen, was auch nicht wesentlich billiger gekommen wäre, weil das Tagungshotel ja ohnehin die Firma zahlte. Außerdem fiel es mir so wesentlich leichter, Familienleben und Geliebte sauber zu trennen und allen gerecht zu werden.»

Geralds Frau aber rastete aus, als er gestand. Sie fühlte sich zurückgesetzt und abgeschoben. Sie sah nur den Symbolgehalt der Handlungen, er nur die praktische Seite. Ein Vorgang, zwei vollkommen unvereinbare Einschätzungen. Scheidung. Und drei todtraurige Menschen: Gerald, seine Frau und seine Geliebte. Das muß doch nicht sein.

Zusammenfassung

- *Wenn Sie sich «nur mal aussprechen» wollen, bitte nicht bei Ihrem Partner, sondern bei einem Arzt, Beichtvater, Therapeuten.*

- *Bevor Sie beichten, überlegen Sie bitte, warum. Wollen Sie nur ihr eigenes Gewissen erleichtern? Das finden wir unfair.*

- *Sie sollten vor und während einer Affäre jederzeit wissen, ob – und was! – Sie gestehen würden, wenn **jetzt** die Frage käme: «Sag mal, bist du mir untreu?»*

- *Ein Geheimnis zu bewahren belastet Sie. Eine Beichte belastet Ihren Partner. Beides belastet die gemeinsame Beziehung.*

- *Es gibt Situationen, in denen Offenheit geboten ist: z. B. Schwangerschaften, Infektions- oder Geschlechtskrankheiten, eine wichtige Konsequenz für die Beziehung zu Ihrem festen Partner.*

7. Wo und wie und wann?
Die besten Orte, die besten Ausreden

*Sie haben sich entschlossen: Sie wollen untreu wer-
den. Sie haben sogar schon einen (möglichen) Partner bzw. eine Partnerin. Fehlt nur noch die Gelegenheit. Die besten Tips und Tricks – direkt aus der
Praxis – finden Sie in diesem Kapitel.*

Wir verraten Ihnen jetzt die besten Tips und Tricks,
einen Seitensprung oder eine Affäre unbeschadet zu
durchleben. Übrigens: Wie in jedem guten Rezept-
buch sind auch unsere Ratschläge in der Praxis geprüft und thema-
tisch geordnet.

> **Alles echt!**
> Mancher Tip mag Ihnen weit hergeholt oder undurchführbar erscheinen.
> Aber: Alle Ausreden, die wir empfehlen, wurden bereits erfolgreich ange-
> wandt!

Die besten Ausreden vor Beginn einer Affäre

Damit meinen wir: Die Affäre hat noch gar nicht begonnen. Aber
von Ihnen aus könnte es losgehen. Sie fragen sich jedoch: Was soll
ich anstellen, wenn es wirklich dazu kommt? Ich kann doch nicht
einfach über Nacht wegbleiben? Immer mit der Ruhe – wenn Sie
geschickt planen, halten Sie sich alle Optionen offen.
- «Mit XY verstehe ich mich unheimlich gut.» (Etabliert den Namen des/der anderen, zerstreut gleichzeitig Verdacht, bevor er
  aufkeimt.)
- «Ich liebe dich.»
- Bereiten Sie innerlich Ausreden vor, warum Sie von Ihrer Verabredung viel später zurückgekehrt sind als angekündigt:
  – Ach, hatte ich wirklich zehn Uhr gesagt? Ich meinte aber vier.
  – Wir haben zuviel getrunken, und ich dachte, dann schlafen wir
    besser im Hotel, statt mit dem Auto heimzufahren. Ich wollte

dich um die Zeit aber nicht mehr anrufen und wecken. (Übri-
gens: Trinken Sie in Wirklichkeit lieber nicht zuviel – Männer
bekommen Erektionsprobleme, und auch Frauen kriegen im
Grunde nicht mehr viel mit. Das lohnt den Aufwand dann
wohl kaum.)
– Keine Ahnung, was passiert ist. Filmriß, war zu besoffen.
  (Macht nicht viel her, ehrlich.)
– Ach, es war so nett, wir haben die Zeit ganz aus den Augen
  verloren.
– Alle Telefonzellen waren kaputt.

Die plausibelsten Ausreden am Anfang einer Affäre

Sie haben vielleicht gerade miteinander geschlafen, oder es wird
bald soweit sein. Ob es dann weitergeht und wie lange, steht in den
Sternen.
- «Wir verstehen uns unheimlich gut.»
- «Ich liebe dich» plus Sex. (Das Leben kann so hart sein.)
- «Ich geh jetzt zum Sport. Danach vielleicht noch was trinken.»
- «Ich geh ins Kino» (dann sollten Sie aber den Film kennen!),
  «spazieren» (überlegen Sie sich vorm Nachhausekommen, wo
  genau Sie waren), «in den Zoo» (welche Tiere haben Sie gesehen?).
- «Ich muß noch mal weg. Ein Meeting mit einem Kunden, hat
  gerade angerufen.» (Am Telefon hauchte Ihre Neueroberung
  eben etwas von «halbe Stunde Zeit für dich» ...)
- «Ich hab dir doch vorgestern schon gesagt, daß ich heute noch zu
  einem Kunden muß!» (Mit der richtigen Empörung vorgetragen

klärt diese Ausrede auch gleich, wer an diesem «Mißverständnis» schuld hat. Sie haben natürlich vorgestern kein Wort gesagt, weil Ihnen erst gerade eben aufgefallen ist, daß Sie Sehnsucht nach Ihrer neuen Flamme haben.)

● «Ich geh mit meinem Freund Willie einen trinken.»

Lügen – aber richtig!
Die besten Lügen folgen diesen Gesetzen:

● Sie sind glaubwürdig (d. h., etwas Ähnliches ist schon mal vorgekommen),
● sie sind einfach und dreist («ich will aber heute noch mal zum Sport, obwohl ich gestern schon war»),
● sie sind ausführlich und wohldurchdacht («Wenn ich bloß sage, ich war heute bei meinem Chef und will jetzt bitte schlafen gehen», fand Gerald Schmidt im Praxistest heraus, «weckt das Mißtrauen. Erzähle ich aber lang und breit, was für ein Idiot mein Chef ist und was er diesmal von mir wollte, herrscht nach zehn Minuten desinteressierte Ruhe ...»),
● sie bauen auf die Gutgläubigkeit des Gegenübers, das – wenn Sie alles richtig gemacht haben – keinerlei Mißtrauen hegt. Wenn doch, ist sowieso alles zu spät.

● «Mein Chef hat mich heute zu sich gerufen, wollte mir ein neues Konzept vorstellen.» (Folgt: eine ellenlange und todlangweilige Beschreibung des Chefs und des Konzeptes, bis keiner mehr zuhört.) «War danach noch beim Sport, um mich abzureagieren.» – In Wirklichkeit reicht das bei frühzeitigem Verlassen des Büros für einen Motorradtrip München/Nürnberg, einen Quickie und zurück!

In jedem Fall unbedingt zu beachten: Waschen Sie sich! Duften Sie auf keinen Fall nach Sex und/oder dem/der anderen! Aber kommen Sie auch nicht frischgewaschen nach Hause, wenn Sie angeblich in der Kneipe waren. Gehen Sie sicherheitshalber noch ein Bierchen trinken, rauchen Sie eine.

Passen Sie nicht Ihr Leben der Affäre an, sondern den Verlauf der Affäre Ihrem Leben. Heißt konkret: Alles bleibt nach außen hin wie immer! Ausreden dürfen dreist sein, aber nicht absurd. Niemand nimmt es der Couchpotato ab, von einem Tag zum anderen fünfmal die Woche für Stunden ins Fißneßcenter zu verschwinden. Und haben Sie den dummen Pinscher bisher immer als dummen Pinscher tituliert, können Sie jetzt schlecht stundenlang dem Frischluftbedürfnis des lieben Wauwis Rechnung tragen.

Die erfolgreichsten Ausreden im Laufe einer Affäre

Die Affäre läuft und läuft und läuft. Passen Sie auf, daß sie nicht aus dem Ruder läuft.

- «Da ist wirklich nichts, wir verstehen uns bloß unheimlich gut.» (Kann klappen, ist aber sehr gewagt.)
- «Ich liebe dich» plus Sex plus Schmuck (durchaus auch für Männer) oder anderem Geschenk. Moralisch fragwürdig, aber effektiv.
- Auch wenn Ihr Lover/Ihre Geliebte offiziell zu Ihrem Bekanntenkreis gehört (wie z. B. die Nachbarin oder ein Kollege), achten Sie darauf, nicht zuviel über sie/ihn zu erzählen. Denn wann und warum sollten Sie das alles erfahren haben?!

Friseur? Neue Unterwäsche? Maniküre? Kosmetik? Bodybuilding? «Mach ich doch nur für dich, mein Liebling!» (Unterwäsche dann bitte auch daheim mal tragen.)
- Willie besucht Jens Gehrke und fragt in Anwesenheit der Gattin: «Sag mal, Jens, woll'n wir nich morgen mal wieder einen trinken gehen?» Jens fragt seine Frau, ob ihr das recht sei, und verabredet sich für den kommenden Abend mit Willie, sagt dem aber später ab, um sich anderweitig zu vergnügen.

Reden Sie Ihre beiden Liebsten mit dem gleichen Kosenamen an. Führen Sie notfalls – wenn Sie zuvor noch beim Vornamen waren – in Ihrer festen Beziehung einen Kosenamen ein. «Schatz» ist wenig originell, weckt aber dadurch auch keinen Verdacht.
- Ihr Lebensgefährte überrascht Sie mit einem Spontanbesuch im

Büro («wollte so gern mit dir Mittag essen») oder der Buchung für ein Wochenende im Landhotel? Freuen Sie sich, machen Sie gute Miene zum trickreichen Spiel – und lassen Sie Ihr langgeplantes Rendezvous notfalls ausfallen. Und zwar ohne Absage, wenn es sein muß! (Jedenfalls sollten Sie Ihre Geliebte ganz bestimmt nicht in Gegenwart Ihrer Gattin anrufen, um das gemeinsame Mittagessen abzusagen, egal, wie raffiniert Sie sich vorkommen.)

- «Ich möchte auf die Silvesterparty meiner Freundin Dietlinde in Bremen, und zwar allein, um mal in Ruhe die alten Schulfreunde wiederzutreffen. Ist es okay, wenn ich zwei Tage vorher fahre und am Dritten wieder hier bin? Danke, mein Schatz!» (Nicht im Übermaß anzuwenden. Kann dann noch gekoppelt werden mit einem heimlichen Ausflug an die niederländische Küste – Neujahrsmorgen mit dem Geliebten am Strand, das hat doch was.)

- Bestehen Sie auf einem Urlaub, zu dem Ihr Partner/Ihre Partnerin mit Sicherheit nicht mitkommen kann/will/wird. Er hat Asthma? Ab nach Borneo. Sie hat Höhenangst? Drachenfliegen ist ideal. Der Partner hat keinen Urlaub mehr? Davon lassen Sie sich doch Ihre 14 Tage Kreta nicht vermiesen. Natürlich immer mit dem/der Liebsten …

- Sie gehen mit Ihrem außerhäusigen Partner in andere Restaurants/Bars als mit der Gattin oder dem Gatten? Bravo, gut gemacht. Aber achten Sie bitte auch darauf, sich zu merken, mit wem Sie wo waren. Sonst empfehlen Sie plötzlich (und das kann Monate später sein, wenn schon längst nichts mehr oder etwas anderes läuft) ein Restaurant, von dem Sie, bitte schön, mal erklären dürfen, wann, wie und mit wem Sie dort waren!

- «Ich muß unbedingt mal alleine wegfahren, um mich selbst zu finden!»

- Irgendwann wird der Punkt kommen, an dem Sie Ihrer Affäre gegenüber eine Ausrede brauchen, um zu Hause zu bleiben oder irgendwas anderes zu tun. Denn das Prinzip «Wir sehen uns einfach immer, wenn uns beiden danach ist», macht ja nur glücklich, solange beiden (und beiden gleichzeitig) danach ist. Wohl Ihnen, wenn Sie Kinder haben. Denn die können natürlich immer als unumstößlicher Grund hinhalten: Sie haben Fieber, Schulprobleme, Elternabend – wo Kinder sind, ist immer was los. Unüberprüfbar – es sei denn, Ihr Lover ist Lehrer oder Elternteil der

Lügen leichtgemacht

Tun Sie ganz normal. Es ist doch auch alles ganz normal – oder nicht? Das gilt für Ihre Ausreden und Lügen, das gilt auch für alles andere. Ein Beispiel: Ein bekannter Juwelier aus dem Schwarzwald verschickt von Kunden aus ganz Deutschland bestellten Schmuck per einfachem Päckchen. «Wertpäckchen werden bloß geklaut», sagt er. «Die ganz normale Post interessiert keinen Menschen.» Schicken Sie, genau wie im Juwelierbeispiel, Briefe an Ihre/n Geliebte/n in weißen, mit Schreibmaschine adressierten Umschlägen, dann fällt das überhaupt nicht auf. Achten Sie darauf, daß der Poststempel möglichst zu den übrigen Sendungen paßt, die Ihr/e Liebste/r bekommt. Telegramme, Einschreiben/eigenhändig und Päckchen in Übergröße verleiten bloß zu der Frage: «Was ist das denn?» Und das muß doch nicht sein. Dasselbe gilt fürs Lügen. Erzählen Sie Ihrem Partner nicht zuviel, nicht zuwenig. Schauen Sie ihm in die Augen. Stottern Sie nicht rum. Beobachten Sie einmal, wie Sie etwas Wahres erzählen. Achten Sie auf Ihr Gefühl dabei. Wenn Sie lügen müssen, versuchen Sie, vorher dasselbe Gefühl in sich aufkommen zu lassen. (Noch besser: Sie schaffen eine innerliche Verbindung zwischen allen Lügen wegen der Affäre und diesem «Wahrheitsgefühl» – das geht z. B. mittels Tiefenentspannung.)

Klasse Ihrer Kids ... Sonst können Sie natürlich die übrigen Ausreden einfach andersherum verwenden. Den Partner vorzuschieben ist effektiv, sorgt allerdings oft für Unfrieden.

Wenn Sie anrufen, achten Sie darauf, von wo. Viele Telefone zeigen inzwischen die Nummer an, von der aus Sie sich melden. Besser ist: von unterwegs nicht daheim anrufen. Vorsicht auch bei auf dem Anrufbeantworter hinterlassenen Lügen. Viele Modelle zeichnen Datum und Uhrzeit auf.

- Ausreden: ja. Verarschen: nein. Wenn Sie vorgeben, am Samstag bis nach Mitternacht mit dem Steuerberater zu speisen, ist das in den meisten Fällen plump und unglaubwürdig.
- Vertrauen Sie darauf, daß Menschen glauben, was sie glauben wollen. «Ich bat meinen Mann, mit dem Freund, von dem er immer behauptete, ich hätte eine Affäre mit ihm, übers Wochenende wegfahren zu dürfen», berichtet Sekretärin Eva Kern (44) immer

noch erstaunt. «Ich wolle mir und ihm endgültig beweisen, daß selbst unter solchen Umständen gar nichts liefe. Er könne ja mitkommen! Natürlich kam er nicht mit, ließ mich aber fahren. Und natürlich hatte ich (schon lange) eine Affäre mit diesem ‹Freund›.» Sie grinst. «Es war ein schönes Wochenende …» Sehr riskant, aber wenn's klappt, ein echter Hammer!

Von guten Alibis und verwischten Spuren

- Um im Hotel mit Sicherheit nicht (auf)gestört zu werden, checken Sie einfach von vornherein unter falschem Namen ein (bzw. dem des Lovers / der Geliebten). Oder fahren Sie in ein anderes Hotel als zu Hause verkündet. Schuld haben natürlich die dummen Rezeptionisten. Aber Vorsicht: Sie haben dann natürlich keine Rechnung, um Ihren (Allein-)Aufenthalt zu beweisen! Außerdem klappt der Trick nur bei privaten Reisen, nicht auf Firmenkasse.
- Nichts, was mit dem / der Geliebten zu tun hat, ist von der Steuer absetzbar. Punkt, Schluß, aus. Aus zweierlei Gründen. Erstens wirkt es geizig und gar unelegant, nach dem Candle-light-Dinner um eine Quittung zu bitten. Und zweitens tauchen immer die falschen Rechnungen zur falschen Zeit am falschen Ort auf: *Murphys's Law*. Ganz besonders dumm – aber nicht nur einmal passiert – ist so etwas, wenn die Ehefrau auch noch die Buchführung übernommen hat.
- Keine Nummern ohne Namen ins Notizbuch. Keine Nummern nur mit Vornamen eintragen, es sei denn, Sie machen das öfter. Rechnen Sie mit dem detektivischen Spürsinn Ihres Partners. Keine Zettel, auf denen nur Nummern stehen. Schreiben Sie lieber einen Namen dazu, es kann ja auch ruhig der richtige sein. Wenn Sie jemanden kennenlernen, mit dem alles ganz normal und züchtig abläuft, machen Sie das doch auch so.
- Lassen Sie sich möglichst nicht nach Hause bringen. Wenn doch: Knutschen Sie in einer Seitenstraße zu Ende, zum Abschied gibt's – je nach offizieller Darstellung – höchstens ein Bussi auf die Wange. Denken Sie daran: Im Zweifelsfalle steht Ihr Partner hinter dem Vorhang und beobachtet.
- Bestellen Sie die Auflistung der angerufenen Telefonnummern ab. Wenn das nicht ohne guten Grund geht, rufen Sie Ihre/n Geliebte/n aus Telefonzellen an. Auch Büros speichern die angeru-

fenen Nummern, wollen manchmal Rechenschaft. Zahlreiche Firmen (u. a. TUI, Telekom) bieten Telefonkartenkontos, mit denen man von jedem Telefon aus eine gebührenfreie Nummer wählt und sich dann durchstellen lassen kann. (Aber auf der Rechnung darüber stehen meist wiederum die gewählten Anschlüsse.) Bonus-Tip: Streuen Sie. Rufen Sie mal von hier an, mal von da.

○ Wenn Sie mit dem Auto weite und unerklärbare Strecken gefahren sind, tanken Sie kurz vor der Heimkehr, stellen Sie den Tageskilometerzähler auf Null. (Weil Sie getankt haben – so wie Sie es immer tun, wenn Sie tanken, nicht wahr?) Achten Sie am besten auch noch darauf, daß Ihre Ausrede und der momentane Kilometerstand zusammenpassen.

○ Lügen Sie stets mit sonnigem Blick und lockerer Körperhaltung, möglichst beiläufig. Eben so, als wäre alles in bester Ordnung. (Was es Ihrer Ansicht nach ja auch ist.) Wirken Sie zuverlässig. Stellen Sie sich vor, Sie würden Versicherungen oder Aktien verkaufen.

! Zahlen Sie immer, immerimmerimmer bar. Es sei denn, Sie wollen einen Beweis liefern, zu einer bestimmten Zeit an einem bestimmten Ort gewesen zu sein. Dann zahlen Sie mit Karte. Sonst zahlen Sie bar! Auch dann, wenn Ihr Partner/Ihre Partnerin mit Ihrem Konto noch nie etwas zu schaffen hatte. (Was meinen Sie wohl, warum plötzlich die eine oder andere Kreditkartenabrechnung «auf dem Postwege» verlorengeht?)

○ Sie laden Ihre Liebschaft zu sich nach Hause ein, wenn der Partner Nachtdienst hat oder auf Geschäftsreise ist? Na gut. Aber lassen Sie von innen den Haustürschlüssel quergedreht stecken – probieren Sie's mal aus, bei den meisten Schließzylindern geht dann von außen kein Schlüssel rein. Kommt unerwarteter «Besuch», muß er/sie klingeln. Zeit genug für Ihre Liebschaft, um die Sachen zusammenzuraffen und durch den Garten zu verduften (Schade allerdings, wenn Sie im zweiten Stock oder höher wohnen. Aber dann können Sie sich wenigstens anziehen ...)

○ Sie können Ihre Ausreden und Alibis als Gedächtnisstütze übersichtlich im Computer abspeichern. Aber dann immer chiffriert/codiert/mit Paßwort, auch im Brüo, klar?

Kontakt halten!

○ Wo sind Sie angeblich? Genau dort müssen Sie auch – wie üblich – zu erreichen sein. Warum Ihr Handy – dessen Mailbox Sie bitte regelmäßig abhören – nicht funktioniert hat, wissen Sie auch nicht. Wenn Sie vorgeben, bei einem Freund/einer Freundin zu übernachten, sollte der/die Sie im Notfall erreichen können. Schlafen Sie im Hotel, sagen Sie an der Rezeption ganz genau, wer offiziell im Zimmer wohnt – und wer nicht. Geben Sie dem Lebenspartner ggf. einen Aufenthaltsort an, wo Sie unmöglich zu erreichen sind bzw. auch sonst nicht erreicht werden wollen (Sauna, Angeln).

○ Viele Anrufbeantworter (auch die neuen computergesteuerten in vielen großen Büros) und Handy-Mailboxen lassen sich von jedem Telefon aus abhören, wenn der Code bekannt ist. Und glauben Sie nicht, den könnte Ihr Lebensgefährte nicht herausbekommen!

○ Sie telefonieren kaum noch mit Ihren Freunden, damit die Leitung immer frei ist, falls ER oder SIE sich erbarmt anzurufen? Klarer Fall für ISDN. Dann können Sie ein Telefon für das Liebesgesäusel reservieren (und/oder bleiben sogar mit einem Apparat erreichbar, auch wenn Sie telefonieren).

○ Sie haben zwei Telefone im Haus und schleichen sich nachts unters Dach, um mit dem Lover zu plauschen? Vorsicht: Meist kann das Gespräch auf dem anderen Apparat mitgehört werden! Einziger Hinweis: ein ganz zartes Klick. Lieber – wenn überhaupt – den Hauptapparat benutzen, dann ist der andere tot. Überprüfen Sie das aber vorsichtshalber im Einzelfall!

○ Obacht: Es gibt mittlerweile als Import aus Amerika Geräte, die, versteckt im Keller angebracht, Ausschnitte aus allen Anrufen – ankommenden und abgehenden – aufzeichnen. Sie können wirklich nicht mißtrauisch und vorsichtig genug sein.

○ Wenn Sie und Ihr Lover bzw. Ihre Freundin im selben Büro arbeiten: Schicken Sie einander Memos (zugeklebt und Aufschrift «persönlich/vertraulich») per Hauspost, um sich zu verabreden. Oder e-Mails, aber die kann der Systemverwalter lesen. Besser: mit einem Schutzwort versehene Dateien. (Wenn Sie nicht wissen, wie das geht, bleiben Sie besser bei den Memos!)

Ihren Liebhaber/Ihre Geliebte kontaktieren Sie bitte nur unter konspirativen Umständen. Nach dem Telefonieren auflegen, dann abheben und eine Null wählen (besser noch: eine andere vollständige Nummer), wieder auflegen – Wahlwiederholung ausgetrickst. Rufen Sie nur an, wenn Sie wissen, daß der/die andere alleine ist.

- Überlegen Sie sich trotzdem eine gute Ausrede für den Fall, daß doch jemand anderer ans Telefon geht. Mit verstellter Stimme nachzufragen oder zu behaupten, Sie hätten sich verwählt, ist *nicht* gut genug und erweckt meist Mißtrauen. Unverfänglicher: «Sie/er hat mir neulich ein Buch/eine CD/einen Film empfohlen, das/die/der mir gut gefallen hat, ich wollte mich bedanken.»
- Machen Sie sich rar. Verliebte haben die Tendenz, immer für den anderen erreichbar sein zu wollen. Vergessen Sie's. «Willst du gelten, mach dich selten» – die alte Weisheit gilt auch für Seitenspringer. Lieber einen Anruf versäumt und dafür das Feuer am Lodern gehalten. Denn wenn er/sie wirklich will, kriegt er/sie Sie schon zu fassen!

Gute Freunde einweihen?

- Gute Freunde bleiben das nicht ewig. Gerade aus Busenfreundinnen werden schnell die ärgsten Feindinnen. Bei Männern sieht das etwas – wenn auch nicht wesentlich – entspannter aus. Aber daß eine Affäre *top secret* bleiben muß, ist wohl klar. Wenn Sie nun schon das innere Bedürfnis haben, jemanden einzuweihen, dann am besten Ihren Arzt oder Beichtvater, notfalls die Telefonseelsorge. Die müssen den Mund halten. Und: Wenn Sie und Ihr Partner den gleichen Hausarzt haben, was häufig vorkommt, bringen Sie den armen Menschen bitte nicht in die Klemme – suchen Sie sich jemand anderen, dem Sie Ihr Herz ausschütten, okay?

Wenn Sie ein Alibi brauchen, gibt es zwei Möglichkeiten:
- Ihr bester Freund/ihre beste Freundin steht für (fast) alles gerade und ist immer eingeweiht. Was u. a. auch dazu führt, daß Sie diesen Freund/diese Freundin praktisch nicht mehr sehen, weil alle angeblichen Treffen ja für Seitensprünge draufgehen.
- Falls Sie dennoch Freunde einweihen, spannen Sie nicht immer dieselben ein, wenn Sie ein Alibi brauchen. Die kriegen auf die

Dauer ein schlechtes Gewissen. Als praktikable Alternative hat sich bewährt, mehrere, auch lose Bekannte einzuspannen – und jedem nur einen winzigen Bruchteil der Wahrheit anzuvertrauen. Sie bleiben flexibler und sind nicht so erpreßbar.

Was tun, wenn's länger geht?

- Nur Beziehungen, in die wir Zeit und Kraft investieren, bleiben am Leben. Wenn Sie also nicht eines Tages Ihre Koffer vor der Tür finden wollen, kümmern Sie sich auch um Ihren Ehepartner! «Je mehr Zeit und Gefühl Sie [...] investieren [...], desto mehr lieben Sie diese Person», schreibt Janis Abrahms.[54] Eine sich selbst erfüllende Prophezeiung.
- Sie haben eine Affäre vor den Augen anderer (z. B. im Büro) oder gar vor den Augen des Partners (z. B. wenn alle Beteiligten in einer Firma arbeiten, oder mit der Freundin/dem Freund des Partners)? Dann achten Sie verschärft auf Normalität. Mißtrauisch macht manchmal auch, den Blicken des/der anderen plötzlich immer auszuweichen.
- Benehmen Sie sich ganz normal. In vielen Ehen sind beispielsweise getrennte Schlafzimmer und unterschiedlichste Tagesgestaltungen ganz normal – aber sind Sie nicht sonst auch, wenn Sie spätabends heimkamen, noch auf ein Küßchen zum Partner hineingeschlüpft? Dann tun Sie es auch weiterhin! Daß Gerhard Schröder angeblich nachts ins gemeinsame Haus schlich und nicht einmal mehr bei seiner Gattin hineinschaute – das soll Hiltrud Schröder klargemacht haben: Er hat eine andere.

Die schlechtesten/dümmsten Ausreden

- Du kannst jetzt nicht in meine Wohnung, weil ich eine Überraschung für dich vorbereite.
- Zwischen uns war gar nichts, wir sind nur gute Freunde. (Schlechte Ausrede, die aber manchmal erstaunlich gut klappt.)
- Ich habe das Telefon nicht gehört (obwohl es ungefähr dreißig Zentimeter neben dem Bett steht, in dem Sie angeblich geschlafen haben).
- Den Slip müssen mir meine Arbeitskollegen zum Spaß in die Tasche geschmuggelt haben.
- Ich weiß auch nicht, was der Kerl in unserem Schrank zu suchen hat.

Die besten Orte

- *Hotels* sind auf Geschäftsreisen gut geeignet. Das Abendessen mit dem Lover wird zum wichtigen geschäftlichen Dinner. Der Lebensgefährte kann Sie jederzeit telefonisch erreichen. Und das Bett ist nicht weit. Zusatzvorteil bei zwei Geschäftsreisenden: Die Firmen zahlen ohnehin zwei Zimmer, und Sie müssen an der Rezeption nicht lange wegen der Namen verhandeln.
- Das *Fitneßstudio* ist nicht nur idealer Alibi-Aufenthaltsort und Partnerfundgrube, sondern (sofern Ruheräume abschließbar oder Toiletten groß genug sind) auch ein fast perfekter Ort für einen Seitensprung. Etwas unromantisch, aber sehr praktisch. Und unter «sportlichen» Gesichtspunkten sogar sehr angemessen.

> **!** Wählen Sie vorsichtshalber *keine symbolträchtigen Orte.* Dazu gehört nicht nur das Ehebett (das sollte wirklich tabu sein). Dazu gehören auch Venedig, Rom, eine Sommerwiese, Strand unter Sternenhimmel. Wenn alles rauskommt, können Sie immer noch sagen: Es war nur Sex, die ganz besonderen Sachen habe ich nur mit dir gemacht, Schatz. – Telefonieren Sie auch nicht aus dem (gemeinsamen) Schlafzimmer mit dem/der Geliebten. Gleicher Grund – wenn's rauskommt, ist der Scherbenhaufen unnötig viel größer.

- Wählen Sie – wenn möglich – *preiswerte Hotels,* wo man Ihren Ausweis nicht unbedingt sehen will («Habe ich gerade vergessen, bringe ich nachher vorbei», und die Sache hat sich). Checken Sie unter falschem Namen ein mit erfundener Adresse. Wenn dann die Ohrringe oder die Sonnenbrille liegenbleiben – futschikato. Aber immer noch besser, als das Zeug per Post nach Haus zu kriegen ...
- Die *Wohnungen von Freunden* zu nutzen ist zwar etwas riskant, weil Sie jemanden einweihen müssen (und das Bett neu beziehen oder ein etwas eigenartiges Verständnis von Intimität haben müssen). Andererseits sind Wohnungen eben wohnlich und komfortabel, schnell erreichbar, preiswert. Und der Freund/die Freundin genießt möglicherweise sogar den Thrill zu wissen, Sie lieben in seinem/ihrem Bett. Es sollte aber niemand sein, den oder die Ihr Lebensgefährte regelmäßig sieht und der/die somit in unangenehme Situationen samt Gewissensbissen gestürzt wird.

Autos sind geeigneter, als der Normalbürger denkt. Auch wenn Sie's mit 18 nicht auf dem Rücksitz getrieben haben und Ihre Füße nicht durch die Handhalteschlaufen eines VW-Käfers schieben wollen (denn dazu sind sie ja in Wahrheit da) – es geht. Und zwar ganz gut. Am besten so:
— Bei großen Wagen ganz bequem auf der Rückbank.
— Bei Kleinwagen (Golf und abwärts) lieber auf dem Beifahrersitz; erfahrungsgemäß liegt die Frau dabei besser unten.
— Bringen Sie den Beifahrersitz in Liegeposition, sonst müssen Sie den Wagen quer nutzen und eine/r hat die Handbremse im Kreuz.
— Auf Stoff- und Wildlederbezüge sollten Sie Rücksicht nehmen; legen Sie eine Decke oder – wirkt spontaner und nicht so spießig – Jacke oder Mantel unter.
— Sammeln Sie hinterher alle Ihre Habseligkeiten ein, benutzte Kondome inklusive.
— Kondomverpackungen gehören *nicht*, auch nicht vorübergehend, in den Aschenbecher. Kondome ebensowenig.
— Sich beim Sex im Auto beobachten zu lassen ist Erregung öffentlichen Ärgernisses (mittlerweile offiziell umbenannt in «Belästigung der Allgemeinheit» bzw. «grob anstößige und belästigende Handlungen»). Suchen Sie sich einen Waldweg, eine Lichtung, einen dunklen Parkplatz am Rande einer Landstraße, einen Feldweg. Auf Autobahnraststätten, Parkplätzen direkt am und auf dem Nordseestrand sowie Asphaltflächen hinter Discos sind Sie mittlerweile in guter Gesellschaft, bewegen sich aber am Rande der Legalität.
— Durch intensives Keuchen können Sie im Winter die Scheiben beschlagen lassen, so daß ihr bleicher Vollmondhintern unsichtbar bleibt.
— Parken Sie möglichst nicht direkt unter einer Laterne.
Im Sommer können Sie auch im Freien knutschen, aber vermeiden Sie unerklärbare Grasflecken auf Ihren Sachen. Und erzählen Sie nicht plötzlich ungefragt lauter Naturerlebnisse daheim. Aber ansonsten lohnt es sich: Sie werden sich wieder jung und fesch vorkommen. Und das ist doch der Sinn der Sache, nicht wahr?

Die optimale Zeitplanung

- Anfangs werden Sie das Bedürfnis haben, sich so oft wie möglich zu sehen. Falls Sie dem nachgeben, können Sie die Sache bald vergessen. Wenn Sie die Spannung erhalten wollen, treffen Sie sich seltener (was meist schon durch äußere Gegebenheiten erforderlich ist) – sonst haben Sie bloß zwei Ehen.

- Wer sagt denn, daß Sex immer abends stattfinden muß? «Ich habe meiner Frau vorgelogen, im Büro sei immer so viel zu tun und auf der Autobahn wäre irgendwie auch immer viel los, also müßte ich morgens 'ne halbe Stunde früher losfahren und käme auch später heim. Dann bin ich mal zum Frühstück, mal mittags zum Nachtisch bei meiner Freundin gewesen; gearbeitet habe ich abends länger – und angerufen, bevor ich losfuhr, damit meine Angetraute sich keine Sorgen macht», erzählt der erfahrene Fremdgänger Hans Gärtner (50), Versicherungsangestellter.

- Schlagen Sie feste Zeiten für Ihre Treffen vor (das hat den einzigen Nachteil, daß Sie eine gute und regelmäßig glaubwürdige Ausrede haben müssen). Es reduziert Ungeduld und Frust, und Sie können das Leben außerhalb der Affäre genießen. Wenn das nicht geht, verabreden Sie sich wenigstens immer schon fürs nächste Mal. Das erspart auch Telefonstreß.

- Ihre (gemeinsame) Zeit ist knapp bemessen. Versuchen Sie, sie zu genießen. Von einer Affäre voller Schuldkomplexe hat keiner was, nicht mal Sie.

Kaufen Sie sich eine Armbanduhr mit eingebautem Wecker. Sinnvollerweise eine, die Sie auch sonst tragen können, keine Digitaluhr für DM 2,99, es sei denn, Sie tragen immer solche Uhren. Stellen Sie die Weckzeit stets vor Beginn Ihres Rendezvous ein. Grund: Sie können dann innerlich lockerlassen, im Bett vielleicht – nach dem Sex, bitte schön – sogar eindösen/einschlafen. Sie werden ja rechtzeitig geweckt. Das ist romantischer (oder jedenfalls weniger unromantisch), als im Hotel einen Weckruf zu ordern oder am Nachttischwecker der Geliebten herumzufummeln. Und unauffälliger als ein Reisewecker in der Handtasche (der garantiert losgeht, wenn Sie es am wenigsten erklären können).

Legen Sie sich ein Zeitpolster zu. Verlassen Sie Ihren Geliebten mindestens zwanzig Minuten, bevor Sie müßten. Das hat zwei Vorteile: Sie haben – wenn Ihnen danach ist – noch Muße für einen ausgiebigen Abschiedskuß, der die angegebene Zeit überzieht (wirkt gewagt und romantisch). Und: Sie können sich auf dem Nachhauseweg beruhigen und auf den Rest des Tages einstellen. Vielleicht auch noch mal kämmen oder nachschminken. Nicht vergessen: Es ist Ihr Spiel, warum soll es nicht nach Ihren Regeln gespielt werden?

Die schönsten Aufmerksamkeiten

- Riskieren Sie nicht, in Ekstase den falschen Namen zu stöhnen. Schauen Sie ihm/ihr *nach* dem Sex tief in die Augen und hauchen Sie leise den *richtigen* Namen.
- Wenn Sie ihr Parfum schenken, dann bitte nicht das, was Ihnen gefällt, sondern das, was sie normalerweise benutzt (und Ihnen hoffentlich auch gefällt). Das zeigt erstens Ihre Aufmerksamkeit und zweitens Ihre Diskretion. (Denn was soll sie daheim mit einem neuen, unbekannten Duft?)
- Schenken Sie etwas Selbstgemachtes. (Ja, ja, das widerspricht der Regel, keine Spuren zu hinterlassen. Aber im Namen der Liebe muß man manchmal auch Risiken eingehen.) Eine handgemalte Postkarte, eine selbstaufgenommene Kassette mit seinen/ihren Lieblingssongs. Darauf haben Sie Zeit verwendet und dabei an ihre/n Liebste/n gedacht.
- Wenn Sie können: Spendieren Sie eine – die erste? – Nacht im Luxushotel. Später können sie immer noch auf etwas Preiswerteres ausweichen.
- Führen Sie Buch über beiläufig geäußerte Wünsche Ihres Flirts. Dann haben Sie immer die richtige Idee parat. Schreiben Sie in dieses Buch auch ruhig, was ihn/sie in letzter Zeit bewegt hat, welche Themen anzusprechen sind. Ihre/seine musikalischen und kulinarischen Vorlieben. Und lassen Sie das Notizbuch besser nicht zu Hause herumliegen. Wie schon gesagt: abschließbare Schreibtischschublade im Büro!

! Überraschen Sie sie oder ihn. Aber nur dann, wenn Sie absolut hundertfünfzigprozentig sicher sein können, daß die Sache nicht nach hinten losgeht. Sichern Sie sich ab! Sichern Sie sich noch besser ab! Und dann tun Sie so, als sei Ihnen die Idee mit dem Picknick ganz spontan gekommen und Sie dächten nie ans Risiko! Diese Art von im Grunde vermiedener Gefahr wirkt durchaus erregend.

- Keine Postkarten! Partner sind neugierig, Postboten auch. Aber im absenderlosen Umschlag eine Karte mit der Aufschrift: «Ich vermisse Dich!» kommt gut an. (Fragen Sie vorher, wer im Haus die Post öffnet! In Firmen sind es normalerweise die Sekretärin oder die Praktikantin, daheim manchmal die Kinder – gar nicht gut.)
- Bringen Sie eine rote Rose (Frauen: eine gelbe Rose) zur Verabredung mit. Kommt so gut wie im Normalfall ein ganzer Strauß.
- Sagen Sie ihm, daß er besser ist als Ihr Mann (er glaubt es bestimmt).
- Sagen Sie ihr, daß sie schöner ist als Ihre Frau (sie glaubt es bestimmt).
- Welchen Männer-/Frauenduft riecht er/sie am liebsten? Kaufen Sie ihn für sich. Verwenden Sie ihn. Weisen Sie – dezent und wie nebenbei! – darauf hin.
- Gehen Sie mit ihm/ihr aus, sofern das Risiko kalkulierbar (und gering) ist. Tun Sie so, als sei das ganz selbstverständlich.

Im Rausch der Gefühle: Vorsicht!

- Seien Sie darauf gefaßt, daß der Seitensprung Ihr ganzes Leben durcheinanderwirbelt, zumindest innerlich. «Der längst überfällige Trennungsprozeß kann möglicherweise leichter in die Wege geleitet werden, wenn Frauen konkret erlebt haben, was in der Liebe möglich ist»,[55] schreibt Ingrid Füller. Es muß nicht so sein, aber eine Affäre – zumal der erste Seitensprung Ihres Lebens – kann auch ein Katalysator werden. Seien Sie darauf vorbereitet.

Vielleicht ist Ihnen danach, dem Lover oder der Geliebten Ihre geheimsten Wünsche und Gefühle anzuvertrauen. Lassen Sie's, oder warten Sie wenigstens noch ein Weilchen. Denn erstens kommen Sie sonst ganz schnell durcheinander, wem Sie nun was erzählt haben, und zweitens gibt es Gefühlsbereiche, die man im Grunde doch nur mit *einem* Menschen teilen will, auch wenn einem ein/e andere/r auch mal das Bett wärmt.

Erstaunlicherweise finden manche Frauen es immer noch anziehend: «Seelischer Ascheimer, Quelle seiner Inspiration, schwesterliches Schlachtschiff [...] Welche Frau würde sich in dieser Rolle nicht auch heimlich geschmeichelt fühlen?»[56] schreibt Maja Langsdorff. Auch Männer übrigens, gerade die «neuen Männer», stehen z. T. auf Dienstbereitschaft dieser Art.

Schwere Fehler: Leidenschaft mit Liebe zu verwechseln und den/die Geliebte/n den Eltern vorstellen wollen. Alarm: Ehegefahr!

Männer wollen beschützen. Frauen wollen beschützt werden. Zumindest bei Seitensprüngen. Deswegen haben männliche Sensibelchen und ledertragende Überzeugungsemanzen auch so wenige. Außerdem: Seitensprünge sind *Fast food* statt *Haute Cuisine*. Fangen Sie keine Beziehungsdiskussionen an, weder über Gefühle noch über Stellungen. Das können Sie auch zu Hause haben!

«Probleme habe ich zu Hause genug – bei dir will ich mich entspannen.» Rechnen Sie vorsichtshalber damit, das zu hören zu bekommen. Vor allem: Wenn das Ihre Position ist, machen Sie sie – charmant und freundlich – von Anfang an klar. Sie wollen sich entspannen. Aber Sie wollen niemanden hereinlegen, oder?

Wenn Sie merken, daß Sie kurz vor dem Durchdrehen sind (Depressionen, Alkohol, Kokain, Schüttelfrost, Nervenzusammenbruch etc.), ist es an der Zeit aufzuhören. Sofort! Seitensprünge sollen Vergnügen bereiten, nicht quälen. (Unserer Ansicht nach gilt übrigens dasselbe, wenn Sie bemerken, daß Ihr Partner für gewisse Stunden sich einem solchen emotionalen Siedepunkt nähert.)

«Ich wär so gern immer mit dir zusammen.» – «Ich würde dich auf der Stelle heiraten, wenn du frei wärst.» – Das sagt sich leicht (und klingt so schön), solange keine Gefahr droht. Aber verlassen Sie sich nicht auf solche Aussagen. Am Ende stehen Sie sonst vielleicht doch ganz alleine da.

Top-Thema: Verhütung

Verhütung ist Männersache, Kondome sind ein Muß. Was durchaus heißen soll, daß auch SIE eines dabei hat. Grund: Bei allen anderen Verhütungsmethoden ist der Mann auf Gedeih und Verderb der Ehrlichkeit der Frau ausgeliefert. Und nicht nur eine hat was von «sicheren Tagen» oder «Sterilisation» gemurmelt und dann ein Kind bekommen. Selten, zugegeben, aber: zu riskant. Mal ganz abgesehen vom Aids-Risiko.

- Sinnvoll: Zusätzliche Verhütung durch Pille, Spirale o.ä. Vom Diaphragma raten wir aus praktischen Gründen ab, weil die meisten Affären spontan auf Sex schalten.

- Männer, die behaupten, sie würden «aufpassen», also den Penis vor dem Samenerguß aus der Scheide ziehen, sind Idioten. Erstens können auch vorher schon Samenzellen austreten, und eine einzige reicht im Zweifelsfalle aus. Zweitens klappt das nur in wenigen Fällen. Meistens bleibt er drin und sagt hinterher: «Oh, tut mir leid.» Insofern sind auch Frauen, die sich darauf einlassen, Idiotinnen. Sorry, aber so ist das nun mal.

- Aids scheint kaum mehr jemanden zu rühren. Bei unseren Recherchen trafen wir nur einen einzigen Mann, der stets Kondome bei sich hat und sie benutzt. Die Frauen sagten zwar einhellig, sie hätten es «besser gefunden» mit Gummi, aber keine von ihnen hat darauf bestanden. (Mehr dazu in unserem Interview mit der Ärztin Helga Neugebauer im Anhang.)

- Kurz und knapp: Kondome mögen Ihnen scheußlich erscheinen, aber sie sind nicht so scheußlich wie Pilze, Alimente oder Aids. Kapiert?

Die schlimmsten Fehler

- Niemals im Hotel als Ehefrau auftreten! Denn klingelt dann die Gemahlin des Lovers durch, wird sie mit sich selbst verbunden ...

- Sprechen Sie Ihrer Affäre auf keinen Fall etwas auf den Anrufbeantworter. Auch keine verklausulierten Rätselnachrichten. Hinterlassen Sie auch nichts bei der Sekretärin oder Freunden.

- Bettgeflüster. Ihre Schulden und Ihr sonstiges Liebesleben behalten Sie bitte für sich. Ebenso die Steuerhinterziehung. (Die beichten Sie am besten auch Ihrer Frau/Ihrem Mann nicht, bloß für den Fall, daß später Rachegelüste aufkommen: Immerhin 50 Prozent aller Ermittlungserfolge verdanken die Steuerfahnder rachelüsternen Informanten, heißt es!)

- Sex im Ehebett. «Mir war alles egal», erinnert sich Lektorin Maja Schacht (35), «ich kannte keine Moral. Bei mir waren einfach alle Sicherungen durchgeknallt, ich war emotional total von mir abgeschnitten und habe sogar versucht, meinen Geliebten in mein Ehebett zu zerren.» Das Ehebett hat gleich mehrere Nachteile:
  - die Gefahr, entdeckt zu werden, ist unnötig groß,
  - die Gefahr, Indizien (Haare, Flecken, Duft) zu hinterlassen, ist riesig,
  - das Ehebett ist ein emotional besetzter Ort,
  - und: die Nachbarin sieht alles!
- Eindeutige Eintragungen im privaten Terminkalender der offen herumliegt; schlimmer noch: scheinbar unmotivierte kleine Herzchenmalereien o. ä.
- Keine Kondome: dumm, riskant und schlechter Stil (s. o.!).
- Zu Hause plötzlich neue Sexvarianten einführen. Wie kommt er/ sie jetzt auf *die* Idee?
- Vergleichen Sie nie, egal, ob laut oder leise, Ihren Partner mit Ihrer/Ihrem Geliebten. Das ist unfair, weil die Situation vollkommen unterschiedlich ist. Machen Sie nicht den Fehler, jemanden für stets großartig zu halten, nur weil zwei Stunden Sex Sie betört haben.

! Knutschflecken, egal, wo. Besonders peinlich natürlich am Hals. Wenn's doch mal passiert: Mit den Fingern oder einem Trageriemen solange darüberzwiebeln, bis die Form nicht mehr erkennbar ist. «Muß wohl der Sicherheitsgurt gewesen sein / beim Sport passiert sein / von der Reisetasche kommen» ist immerhin eine bessere Ausrede als: «Das? Keine Ahnung.» Ach ja, und Ihren so töffeligen Unzuchtpartner entsorgen Sie bitte umgehend!

- Ihre Annahme, der/die Partner/in «merkt bestimmt nichts».
- «Zwanglose» Treffen zu dritt und dazu Ihre Annahme, er/sie «merkt bestimmt nichts».
- Gehen Sie nie davon aus, daß Tagebücher, Schreibtischschubladen, Manteltaschen usw. für den – mißtrauischen, verängstigten

– Partner tabu sind. Er oder sie wird sich sicher Klarheit verschaffen wollen.
* Der Irrglaube, Ihre Sekretärin würde Sie decken. Warum sollte sie? (Vielleicht – aber wirklich nur vielleicht – hilft ab und an ein Blumenstrauß.)

Die schlechtesten Verstecke für Erinnerungen
* In Ihrem Tagebuch.
* In Ihrem Terminkalender.
* In einer Küchenschublade.
* Unter der (gemeinsamen) Matratze.
* Im Handschuhfach des Autos.
* Im Lexikon.
* In Ihrer Handtasche / Aktentasche.
* Im Hobbykeller.
* In der Innentasche einer Jacke.
* In einem Buch, das Sie gerade lesen.
* Ein «abschließbares» Tagebuch – geht mit jeder Büroklammer auf.

Die besten Verstecke für Affärenerinnerungen

* Der Mülleimer! Ganz im Ernst. Auch wenn's weh tut. (Und zwar am besten nicht der eigene.)
* Das Innenfach der Sporttasche, sofern die Partnerin die nicht regelmäßig zum Waschen ausräumt.
* In einer abschließbaren (!) Schreibtischschublade im Büro.
* Zwischen den 900 alten Briefen, die Sie auf dem Dachboden lagern.
* Beim Notar.
* In einem eigenen (!) Bankschließfach.
* In einem neutralen zugeklebten Umschlag bei einem Freund / einer Freundin, der / die nicht weiß, was er / sie da im Hause hat.

Zusammenfassung

- *Das Grundprinzip guter Ausreden ist ganz einfach. Sie wissen jederzeit, was Sie offiziell tun, mit wem und warum. Sie haben alle kritischen Situationen im Blick und im Griff. Sie begrenzen Ihr Risiko. Sie verhalten sich – nach außen hin – genauso wie sonst. Sie brauchen Ihre Freiheiten. Aber die brauchen Sie schließlich auch, wenn Sie gerade treu sind.*

8. Bei Risiken und Nebenwirkungen ...
Was passieren kann, wenn's passiert ist

*Seitensprünge haben Konsequenzen, für Sie und für
Ihre (beiden) Partner – und manchmal ganz böse.
Meistens aber nur ein wunderbares Gefühlschaos.
Genau das wollten Sie doch. Aber verlieren Sie sich
selbst dabei nicht aus den Augen.*

Ich wollte eigentlich nur eine kleine Liebschaft nebenbei –
und ein Vierteljahr später war ich dabei, meiner Geliebten
einen Buchladen einzurichten – ihren Traum zu erfüllen –,
und wollte sie heiraten», sagt Hans Gärtner. «Gott sei Dank – sage
ich heute, im nachhinein – wollte sie mich nicht. Ich hätte mich
finanziell und emotional ruiniert.»

«Ich habe meinem Mann immer alles erzählt, damit er endlich
mal auf den Tisch haut und sagt: ‹So, meine Liebe, jetzt ist Schluß!›
Hat er aber nicht getan. Das war schon ein herber Schlag fürs Selbstbewußtsein», erinnert sich Maklerin Gera von Illingen.

«Ich habe für meine Freundin meine Frau verlassen. Aber nur
wenig später wurde mir klar: Die Affäre mit ihr hat mir Spaß gemacht, aber zusammenleben wollte ich nun auch wieder nicht mit
ihr. Jetzt stehe ich vor einem Trümmerhaufen», berichtet Student
Matthias Vetter.

«Ich finde das gar nicht schlecht, mein Mann reagiert sich außer
Haus ab, und er ist meistens gut gelaunt. Ich kann damit gut leben,
solange nach wie vor klar ist, wo seine Prioritäten liegen», findet
Barbara Heinemann. «Natürlich ist mir bewußt, daß das eine wak-
kelige Angelegenheit ist, aber andererseits: Das ist eine Ehe doch
ohnehin, oder nicht?»

«Seit Jahren kommt irgend etwas dazwischen, weswegen er sich
nicht von seiner Frau trennen kann – geschäftliche Probleme, die
Kinder, finanzielle Dinge. Sehe ich ja auch alles ein, vorausgesetzt, es
stimmt überhaupt. Aber jetzt habe ich die Nase voll. Ich will und
werde nicht die ewige Geliebte sein. Bis Ende dieses Jahres hat er Zeit,
und wenn er dann nicht die Scheidung eingereicht hat, muß es ohne
mich weitergehen», hat Inken Sander, Apothekerin, beschlossen.

«Meine erste Affäre habe ich zu lange dauern lassen, da war ich
dann irgendwann richtig verstrickt. Aber den Fehler habe ich nicht
noch mal gemacht. Jetzt ‹gönne› ich mir ab und zu mal ein paar
schöne Stunden, stelle bei der Gelegenheit fest, daß es mit anderen
Frauen auch nett ist, aber nicht so immens anders, daß ich deswegen
mein Leben umkremple – und kehre frohgemut wieder zurück an
den heimischen Herd.» Sagt Jens Gehrke.

Vielfältig und überraschend können die Wirkungen von Seitensprüngen sein. Es geschehen wundersame Dinge auf der Welt, und
wenn Sie sich auf ein Gebiet wie das der Untreue vorwagen, auf dem
sowohl die individuellen als auch die kollektiven Erfahrungen (und
sei es nur, weil man nicht darüber spricht) gering sind, kann im
Grunde alles geschehen. Das ist es ja auch, was wir wollen: endlich
wieder Abenteuer!

Aber seien Sie darauf vorbereitet, daß in Ihnen unerwartete Gefühle entstehen. Seien Sie auf überraschende Begegnungen gefaßt.
Und vor allem: Nehmen Sie das alles nicht so ernst!

Zu den Dingen, die einem echt den ganzen Tag versauen können,
gehören:
- Ihr Lover bringt Sie um.
- Ihr Lover bringt sich um.
- Ihr Lover bringt Ihren Partner um.

Die nächstschlimmen Konsequenzen einer aufgeflogenen Affäre
sind:
- Depressionen,
- Drogen und Alkohol,
- Haß,
- Scheidung (mit den entsprechenden Kosten),
- Liebesentzug,
- Streit um die Kinder,
- Hausverkauf,
- Intrigen (zerstochene Reifen und Rufmord kommen nicht selten
  vor); selbst Frauenzeitschriften raten Ihren Leserinnen schon:
  «Rache – die eiskalte Lust» *(Petra 4/94).*

Je nach Typ kann auch die folgende Folter Anwendung finden:
- gute Gespräche über alles.

Meistens aber, und das überrascht dann doch, sind die Konsequenzen unerwartet milde.

Die Reaktionen auf einen Seitensprung sind trotzdem fast wie vorhersehbar – auch weil das Thema so selten vorher ausführlich besprochen wird. Dazu kommt, daß ja bekanntlich irgendwann das Faß überläuft und auch der stabilste Krug mal bricht. Wiederholungsbeichter (denn es zählen hier ja nur die offenbarten oder herausgekommenen Seitensprünge) sollten sich also lieber nicht allzu fest auf bereits erfahrenen Langmut verlassen.

«Wenn mein Mann mit mir zusammenbleiben will, muß er sich überlegen, ob er einen Seitensprung riskiert. Ich finde, wenn so etwas passiert, wird die Beziehung nie wieder so sein, wie sie mal war.» (Helga M., 42, Ärztin).

«Kaum war ich ausgezogen, kam er an und sagte: ‹Es kommt nie wieder vor!› Acht Jahre lang erzählt er mir was von seiner Freiheit und daß Männer nun mal so seien, und wenn ich gehe, kommt's auf einmal nie wieder vor», berichtet Elfi Gabelsberg (52), eine mehrfach betrogene Frau. Sie winkte dankend ab, «obwohl ich ihn zu gern wiedergehabt hätte. Aber geändert hätte der sich nie, das hatte er ja hinreichend unter Beweis gestellt.»

Andererseits: Viele Männer, die vorher groß tönten, solange es «nur Sex» sei, würde es ihnen jedenfalls nichts ausmachen, ziehen sich plötzlich von ihren fremdgegangenen Ehefrauen zurück, lassen sie quasi – und ohne jede Erklärung – am langen Arm verhungern. Emotional, intellektuell, sexuell. Und besiegeln damit natürlich das Ende ihrer Ehe.

Soviel also zum Risiko, wenn alles herauskommt: Es ist unberechen- und unkalkulierbar.

Ein weiteres Risiko stellt – für den einen mehr, für den anderen weniger – die Erpreßbarkeit dar.

Fernsehkrimis und die Wirklichkeit

Jeder zweite Fernsehkrimi handelt davon, daß einer den anderen umbringt, damit eine Liaison nicht publik wird – aber das wollen wir mal der geistigen Trägheit unserer TV-Autoren zuschreiben.

In Wirklichkeit werden Prominente (so Sie denn dazugehören, könnte das ja von Wichtigkeit sein) nur selten von ihren Geliebten erpreßt. Und wenn, dann eher um Geld als zur Trennung.

Das hat unserer Meinung nach vor allem zwei Gründe:

- Den meisten Promis sind von der Klatschpresse schon dermaßen viele Affären angehängt worden, daß eine mehr oder weniger keinen (den Ehepartner eingeschlossen) interessiert. Vor allem: Es glaubt auch keiner.
- Wahrhaft erpreßbar wären nur Prominente, deren Ruhm und/oder finanzieller Status gefährdet wäre, und was hätte dann der/die Geliebte noch von ihm oder ihr?

Otto Normalverbraucher kann es da schon ärger ergehen.

Wenn du nicht mit mir in Urlaub fährst, mir das Collier kaufst, mich beförderst, mich schwängerst usw., sage ich alles deiner Frau oder deinem Mann. Schlimmer noch: Du mußt sie/ihn verlassen, um mit mir zu leben.

Was tun? Eins ist klar – Sie haben sich den oder die Falsche für Ihr heißes Spiel ausgesucht. Waren Sie klug und haben sich vorsichtshalber an unsere Ratschläge gehalten, obwohl Sie das alles zuerst ziemlich albern und überflüssig fanden? Dann haben Sie jetzt Glück. Nichts ist beweisbar. Streiten Sie alles ab. Und geben Sie die Affäre auf. Unverzüglich! Oder wie lange wollen Sie mit jemandem zu tun haben, der Sie zu etwas zwingt, zu was auch immer?

Wenn Sie nicht abstreiten können: Beichten Sie! Immer noch besser, Ihr Lebenspartner erfährt es von Ihnen! Seien Sie zerknirscht und reuig. Sagen Sie ruhig, daß es Ihnen leid tut. Aber nicht zu oft! Üben Sie Buße. Beschaffen Sie sich das Buch «Treuebrüche» [57] und leisten Sie jede Menge «vertrauensbildender Maßnahmen». Jetzt geht es nicht – oder jedenfalls nicht nur – um Ehrlichkeit, sondern um Schadensbegrenzung.

Ein Tip am Rande: Sie beichten natürlich nicht, weil Sie erpreßt werden («Liebling, du wirst morgen einen Brief bekommen, da wollte ich dir lieber selbst sagen ...») – Sie werden erpreßt, weil Sie beichten wollten («Ich habe gesagt, daß es zu Ende sein muß, aber er/sie will mich nicht zu dir zurückkehren lassen ...»). Klar?!

Andersrum kann es Ihnen geschehen, daß der betrogene Partner (der Therapeut sagt dazu übrigens gern, um der Sache einen neutralen Charakter zu geben: der verletzte Partner) mit aller Macht seine verbliebenen Mittel gegen Sie wendet. Geld, die Kinder, das Haus, den Kredit der Schwiegereltern für die Firma. Das wird Ihnen vor allem dann blühen, wenn Sie die «Ich kann mich nicht entscheiden»-Tour fahren.

Wir verstehen das durchaus: Sie sind durcheinander. Sie können sich nicht entscheiden. Sie wollen das Beste aus beiden Welten. (Sonst hätten Sie schließlich einfach nur den einen gegen den anderen getauscht und fertig. Haben Sie aber nicht.) Wieso konnte es nicht so weitergehen wie bisher?

Wir verstehen das. Wir verstehen aber auch, daß der/die Hintergangene es nicht versteht. Und daß er zwar akzeptiert, daß es Ihnen leid tut, sich davon aber nicht getröstet fühlt. (Übrigens, noch ein Fehler ist es, zu sagen: «Wir bleiben aber auf alle Fälle Freunde.»)

Ein wenig Reue und Romantik machen sich gut

Wenn Sie die ideale Affäre geführt haben, wußten Sie ja jederzeit, wo gerade Ihre Prioritäten liegen. Sie können sich also aus dem Stand entscheiden, wenn die Bombe hochgeht (und ungefähr so wird es sich anfühlen). Nein, Sie müssen sich im Grunde gar nicht wirklich entscheiden: Sie müssen nur eine aktuelle Entscheidung kundtun.

Sollte die sich als falsch erweisen, können Sie es sich immer noch anders überlegen. Aber: Seien Sie eindeutig. Seien Sie so eindeutig wie möglich. Seien sie eindeutiger, als Ihnen zumute ist. Seien Sie jederzeit darauf vorbereitet, eindeutig zu wirken.

«Ich habe sicher niemandem so weh getan wie meiner Frau. Aber wenn ich sagen würde, ich bereue alles, wäre es falsch. Ich habe die Stunden mit meiner Geliebten sehr genossen und möchte sie nicht missen.»
(Frank B., 40, Kaufmann).

Wenn es irgend geht: Mischen Sie in Ihre Eindeutigkeit ein wenig Reue und eine gute Portion Romantik. Aber glauben Sie ja nicht, mit einer Flasche Schampus und einem flotten Sprung ins Ehebett wäre die Sache aus der Welt geschafft. O nein!

Was einer der Hauptgründe ist, warum wir nach wie vor auf unbedingte und effiziente Geheimhaltung plädieren.

Denn wirklich eindeutige Entscheidungen können Sie ja wohl – wenn Ihnen danach ist – auch ohne Publikum treffen und umsetzen, oder?

Soviel zu den Risiken, die von außen auf Sie zukommen können. Und unterschätzen Sie die bitte nicht. Sich nach zehn Jahren Zugewinngemeinschaft scheiden zu lassen, kann eine äußerst unangenehme Sache sein, nicht nur fürs Herz, sondern auch fürs Konto. Sie sollten sich vorher überlegen, ob ein bißchen – na gut, ein bißchen mehr! – Spaß im Bett dieses Risiko wert ist. Oder Sie verlegen sich wenigstens sicherheitshalber vom Postboten aus dem eigenen Dorf auf den Aerobiclehrer aus der benachbarten Kleinstadt.

Viel schlimmer, oder zumindest viel verwirrender und allumfassender, kann jedoch das Chaos werden, das in Ihnen wütet.

Was zählt, ist, was dabei 'rumkommt

Übersetzungshilfe und Inspiration für vergebliche Diskussionen mit dem Seitensprungpartner

Gib mir Zeit. – Ich bin mir nicht sicher.

Ich kann dir nichts versprechen. – Selber schuld, wenn du dir Hoffnungen machst.

Ich habe Verpflichtungen. – Wenn's drauf ankommt, wirst du zurückstehen müssen.

Versteh mich doch. – Stell bloß keine Forderungen.

So was wie mit dir habe ich noch nie erlebt. – Verdammt verfahrene Situation, keine Ahnung, wie's jetzt weitergehen soll.

Such dir andere Freunde. – Enge mich mit deiner Liebe bloß nicht ein.

Ich habe dir gegenüber ein unheimlich schlechtes Gewissen. – Sag, du willst es nicht anders. Nimm mich auf die leichte Schulter, aber nimm mich!

Meiner Frau die Wahrheit zu sagen, was soll das bringen? – Ich möchte meine Ruhe haben und gehe lieber kein Risiko ein.

Sicher liebe ich meine Frau. Sie ist die Mutter meiner Kinder. – Es gibt Bande, die sind stärker als Gefühle.

Vergiß mich. – Gib mir alles, aber leite daraus nichts für dich ab.[58]

(Derartige Drückebergereien leisten sich Männer übrigens weitaus häufiger als Frauen, aber auch in der umgekehrten Situation finden ähnliche Worthülsen Gebrauch.)

Ein Seitensprung unterliegt natürlich – wie jede Beziehung zwischen zwei Lebewesen, vermutlich auch unter Seegurken – einer Dynamik; sie verändert sich. «Das Tolle an einer Affäre ist: Man fährt irgendwohin, ißt jeden Abend gut, geht dann aufs Zimmer, reißt ihr die Bluse auf und kippt den Champagner drüber – alles ist so intensiv», faßt Jan Michaels seine Erfahrungen zusammen.

Mit jemandem ins Bett zu gehen, mit dem man das – nach landläufiger Meinung zumindest – nicht darf, die Geheimhaltung, die zeitliche Begrenzung: all das intensiviert unsere Gefühle, verleiht der Love-Affaire eine Größe und Kraft, die sie im Grunde höchstwahrscheinlich nicht rechtfertigt. Egal – es fühlt sich so an!

Und genau das ist für viele der Grund, sich – einmal oder immer wieder – ins Abenteuer zu stürzen: Man fühlt sich lebendig und geliebt. «Ich kam mir ungeliebt und langweilig vor, unsexy und uninteressant», hörten wir mehrfach, «und plötzlich waren da zwei Männer» (oder Frauen, je nachdem), «die mich liebten und begehrten.» Fast durchweg fühlten sich unsere Gesprächspartner auch daheim wieder begehrter. Zum Teil vielleicht, weil sie sich selbst wieder mit anderen Augen sahen, zum Teil vielleicht auch, weil sie frischer, spritziger und lebhafter auftraten – und entsprechend behandelt wurden.

Vergessen Sie nicht: Ein Gutteil Ihrer Empfindungen ist aller Erfahrung nach auf die Situation zurückzuführen! Das ist keineswegs gegen Sie gerichtet. Aber Sie kennen das doch auch: Stimmt das Ambiente, stimmt auch die Leistung. Ein mittelmäßiges Essen in einem herrlich gemütlichen Restaurant «schmeckt» Ihnen besser als ein drei-Sterne-Menü auf der stinkigen Großbaustelle.

Was zählt, ist, was dabei 'rumkommt – wir wissen es alle.

Was zählt, ist also, wie Sie sich fühlen, und erst an zweiter Stelle, warum Sie sich so fühlen. Ob Ihre Gefühle wahrhaftig sind und einer objektiven Prüfung standhalten, ist für Ihr momentanes Empfinden irrelevant.

Für den weiteren Verlauf Ihres Lebens jedoch nicht.

Bei fast jedem Seitensprung kommt die Phase, in der Sie denken: «Ach, wäre ich doch nur mit ihm/ihr zusammen oder verheiratet.»

Eine schöne Phantasie. Ihr liegt jedoch die Annahme zugrunde, Sie könnten den künstlichen Zustand der vollständigen Symbiose von den paar Stunden wöchentlich übertragen auf ein ganz normales Zusammenleben mit Haus und Hof und Alltagsstreß.

Uns jedenfalls ist kein Fall bekannt, bei dem das gelungen wäre. (Eine ausschließliche Beziehung zum Seitensprungpartner kann durchaus zufriedenstellend enden, das wollen wir damit nicht ausschließen. Aber sie wird nicht 24 Stunden täglich dem Gefühlspegel der untreuen Zeit entsprechen können.)

Als Faustregel für solche Gefühlsaufwallungen kann gelten: nette Idee, aber höchst unwahrscheinlich.

Schadensbegrenzung bei überraschender Enttarnung

Noch einmal: Für den Fall, daß ausgerechnet heute abend die unselige Frage aufkommt: «Sag mal, betrügst du mich?», sollten Sie genau wissen, wo Sie stehen. Analysieren Sie Ihre Situation nicht nur mit dem Herzen, so groß diese Versuchung auch sein mag, sondern auch und vor allem mit dem Verstand. Jürgen Bremer hat die Erfahrung gemacht: «Im Grunde war ich gar nicht auf der Suche nach einer neuen, anderen, weiteren Beziehung. Ich kam mit der einen, die ich hatte, ja schon kaum klar. Aber zwischendurch hatte ich natürlich solche Höhenflüge, mir vorzustellen, wie das wäre: meine Geliebte und ich endlich für immer vereint, vielleicht ein kleines Kind, ein Haus mit Garten ... Na ja, jetzt sitzen wir in einer Dreizimmerwohnung, Gott sei Dank ohne Kind, sie läßt sich scheiden, meine damalige Lebensgefährtin redet nicht mehr mit mir, und wir haben genau denselben Nerv miteinander, den wir vorher mit den anderen Partnern hatten. Das Leben ist komplizierter geworden, nicht besser.»

Außerdem scheint es sehr viel einfacher zu sein, eine an sich beendete Affäre wiederaufleben zu lassen, als eine – zumal wegen eines Seitensprunges – beendete Ehe. Wenn Sie sich also nicht absolut sicher sind, mit Verstand und Gefühl nur eines zu wollen – nämlich Ihre/n Geliebte/n –, dann bleiben Sie lieber bei Ihrem festen Partner. Und spielen Sie den Seitensprung so weit herunter, wie es geht.

Wobei in den Gesprächen, die einer Enttarnung im Regelfall folgen, Ehrlichkeit oft auch an sich schon etwas zählt. Sie müssen also gar nicht alles verschweigen, nur die intimsten – und verletzendsten – Details sowie direkte Vergleiche gehören unserer Meinung nach nun wirklich nicht hierher.

Was, wenn es LCS war? Life-Changing Sex!

Im Verlaufe einer Affäre ergibt sich häufig eine dieser beiden Situationen:

1. Sie verstehen sich plötzlich wieder viel besser mit Ihrem Partner, finden ihn/sie wieder sexy, gehen miteinander ins Bett und sind überhaupt recht glücklich.

Wenn es mit Sex und Moral zum besten steht, sind Sie vielleicht ein wenig verwirrt, aber das ist auch alles. Nehmen Sie's locker und genießen Sie's.

2. Sie ekeln sich plötzlich vor Ihrem Partner, können es kaum ertragen, mit ihm/ihr in einem Raum zu sein, sind kreuzunglücklich.

Wenn sich die heimische Situation dramatisch verschärft, müssen Sie handeln. Zuerst einmal im Kopf.

- Sie hatten auch vor Beginn der Affäre nur noch wenig mit Ihrem festen Partner zu tun, kaum Körperkontakt. Dann können Sie versuchen, noch eine Weile so weiterzumachen und in sich hineinzuspüren.
- Sie hatten vor Ihrem Seitensprung eine leidlich gute, wenn auch langweilige Beziehung. Sie sind immerhin noch ab und zu miteinander ins Bett gegangen. Dann wird Ihnen nicht mehr viel Zeit bleiben, bis es knallt, weil der Partner nachfragt. Überlegen Sie sich, bei wem Sie bleiben wollen (oder ob Sie vielleicht gar den Alleingang wagen).
- Bevor Sie fremdgegangen sind, war alles prima, aber jetzt geht es einfach nicht mehr. Klarer Fall von LCS («Life-Changing Sex» – Sex, der das Leben verändert). Der Bankangestellte Karsten Geller (29) hatte so einen One-night-Stand mit der 21jährigen Freundin seines besten Freundes. «Die wollte einfach nur mal wissen, was an mir so toll sein soll, weil doch so viele Frauen auf mich stehen. Tja, jetzt weiß sie's – und kann nicht mehr von mir lassen. Kann es auch nicht mehr ertragen, daß ihr Freund sie anfaßt. Vorher lief's eigentlich ganz gut mit den beiden, aber jetzt weiß sie, was möglich ist im Bett ...»

Nie wieder Mittelmaß, weniger Kompromisse, ab jetzt geht's auch um mich! Eine Entscheidung, die zu treffen vor allem Frauen oft den

Anstoß durch eine Affäre brauchen. Wenn Ihnen absolut klar ist, daß hier nicht Ihr schlechtes Gewissen spricht, sondern die reine Lebenslust, ist die Sache klar: Raus aus dem Ehekäfig, hinein ins pralle Leben! Notfalls (und höchstwahrscheinlich) ohne den Prinzen, der Sie wachgeküßt hat.

Absolut tabu hingegen ist es, den/die Seitensprungpartner/in aus einer bestehenden Beziehung «herauszubrechen». Da können die Frauenzeitschriften noch so lange locken: «Der Mann einer anderen – Wann Sie ihn klauen können» *(Cosmopolitan 2/93)*. Es ist schon aus einem ganz einfachen Grund wenig sinnvoll, sich darauf zu kaprizieren: Selbst wenn Sie ihn der anderen «wegnehmen», bleibt er deshalb noch lange nicht bei Ihnen. Und wird schon gar nicht mit Ihnen glücklich. So ist das nun mal.

Etwas anderes ist es, wenn er/sie freiwillig zu Ihnen kommt (worauf Sie natürlich durchaus hinarbeiten könnten). Dann gibt es zwar auch keine Glücksgarantie, aber Sie haben wenigstens keine emotionale Gewalt angewandt.

Für legitim halten wir es z. B., ein Ultimatum zu stellen, wenn er/sie ohnehin und unaufgefordert behauptet, sich trennen zu wollen. «Wenn du nicht bis Ende des Sommers ausgezogen bist, ist es aus mit uns.» Das ist Ihr gutes Recht. Gemein hingegen finden wir Erpressungen und Drohungen, zumal wenn er/sie nie gehen wollte: «Du mußt deinen Mann verlassen, und zu mir kommen, aber die Kinder sollen bitte bei ihm bleiben, sonst sage ich ihm alles.» Es wäre doch auch reichlich jämmerlich, wenn Sie das nötig hätten.

Überhaupt und ganz allgemein jedoch scheint uns die beste und stabilste Lösung, Affäre und Partnerschaft strikt voneinander zu trennen:

- Sie «gönnen» sich eine Affäre, und zwar aus freien Stücken und zu Ihrem Vergnügen.
- Wenn Sie Ihre Lebenspartnerschaft auflösen wollen, steht Ihnen das frei. Es wäre aber leichtfertig, dies für die Affäre zu tun. *(Aufgrund* des Seitensprunges hingegen kann es durchaus dazu kommen – Untreue wirkt oft als Katalysator.)
- Wenn Sie Ihre Affäre beenden wollen, tun sie das. Lieber zu früh als zu spät, ist hier die Faustregel.
- Verwirrung und Euphorie sind normal – aber noch lange keine Liebe.

Zusammenfassung

- *Seitensprünge haben – wie alle Beziehungen – ihre ganz eigene Dynamik. Damit müssen Sie rechnen. Aber Sie können jederzeit aussteigen.*

- *Die Folgen einer Affäre können sehr schwerwiegend sein: Scheidung, Depressionen, Mord. Das ist aber selten und gilt vor allem für «Wiederholungstäter».*

- *Affären machen Sie erpreßbar. Sorgen Sie vorsichtshalber dafür, daß im Härtefall Aussage gegen Aussage steht und es kein Beweismaterial gibt. Daß Sie glauben, jemand wäre «dazu bestimmt nicht fähig», ist menschlich wertvoll – aber illusorisch.*

- *Seien Sie jederzeit darauf vorbereitet, vor eine Entscheidung gestellt zu werden. Treffen Sie schlimmstenfalls die falsche. Das ist besser als gar keine. Korrigieren können Sie sich später immer noch.*

- *Untreuer Sex ist fast immer aufregender als Ehe-Sex. Das liegt an der Situation, nur bedingt an den Beteiligten.*

9. Irgendwann ist jede Affäre zu Ende
Die Trennung: wann, wie und von wem?

*Alles hat ein Ende. Auch ein Seitensprung. Früher
oder später, freiwillig oder unfreiwillig. Damit müssen Sie rechnen. Aber ein Ende kann ja auch ein
neuer Anfang sein ...*

Seitensprünge enden – wie andere Beziehungen auch.
Und hier liegt auch schon der Hund begraben: Seitensprünge enden wie andere Beziehungen auch, nämlich
meist irgendwie gar nicht so schön. Die Männer drücken sich recht
lange vor der unangenehmen Mitteilung, sie hätten keine Lust
mehr, und auch die Frauen haben plötzlich einfach keine Zeit.

Schön und gut und menschlich. Aber erstens ist das natürlich
schlechter Stil. Sie bekämen doch auch gern mal Bescheid, wenn
kein Interesse mehr an Ihrer Person besteht. Und zweitens entwik-
kelt sich da eine potentielle Beziehungsbombe – die unbedingt entschärft werden muß.

Denn während Sie sich in Ihrer offiziellen Erstbeziehung alle Zeit
der Welt lassen können, um zu einer Entscheidung zu kommen (es
sei denn, Ihr Partner fragt Sie eines Tages treuen Blickes: «Sag mal,
liebst du mich eigentlich noch?»), während Sie sich also ausmären
und sich noch und nöcher über alles Gedanken machen können,
geht das beim Seitensprung so einfach nicht.

Bislang haben Sie sich ein- oder zweimal die Woche gesehen. Te-
lefoniert. Geschenke gemacht. Alles, was wir Ihnen geraten haben.

Und plötzlich ist Schluß damit? Und da soll jemand nicht mißtrauisch werden?

Untreu zu werden hat viel – in vielen Fällen: nur – mit unmittel-
barer Lust und dem Spaß am Verliebtsein zu tun. Mit dem erquik-
kenden Adrenalinrausch. Dem Reiz des Verbotenen.

Aus all diesen Gründen wirken Affären viel intensiver auf uns als
die eingeschlafene Heimbeziehung.

Und wenn's nicht mehr so gut läuft, ist eben Schluß. Es gibt keine
Grauzone, keinen mehr oder weniger (un)verbindlichen Zwischen-
bereich. Entweder haben Sie mit jemandem eine Affäre – oder nicht.

Schluß ist, wenn einer nicht mehr mag

Schön, schön, werden Sie sagen – aber weshalb denn nun klare Entscheidungen treffen?

Weil die Sache sonst ganz schnell nach hinten losgeht. Alle an einer Affäre Beteiligten – und das schließt oft die unwissend Betrogenen mit ein – sind aufgewühlt, aufgeregt, am Ende mit den Nerven. Und in solchen Zuständen drehen Menschen gern mal durch: rufen bei Ihnen zu Hause an, obwohl das streng verboten war, nur um zu klären, «wann wir uns wiedersehen»; nageln der Widersacherin blutige Schweineherzen an die Tür, obwohl eigentlich schon gar nichts mehr läuft; verpetzen Sie – aus lauter Angst, Sie zu verlieren – bei Mann oder Frau, womit Sie großen Ärger heraufbeschwören und nur selten den gewünschten Fang machen.

All diesen Streß können Sie sich weitestgehend ersparen, wenn Sie beizeiten reinen Tisch machen. Der Grundgedanke dahinter ist natürlich, daß Sie und Ihr Seitensprungpartner oder Ihre -partnerin nach wie vor nur eine Affäre wollen – und eine Affäre ist nun mal zu Ende, wenn einer nicht mehr mag.

Das ist akzeptabel, meist auch in der Praxis. Nicht immer, natürlich, und vielleicht werden Ihnen auch Tränen nicht erspart bleiben. Aber glauben Sie uns: Es ist besser so.

Denn wenn Ihr Freund oder Ihre Freundin ob der Trennung ausrastet – dann wäre das durch schweigendes Verschleppen nicht zu verhindern, sondern nur zu verzögern gewesen.

Und nächstes Mal suchen Sie sich bitte einen lässigeren Typ Betthupferl, in Ordnung?

Wann ist der «richtige Zeitpunkt»?

Nun ist es immer schwierig, sich zu trennen, und kaum jemand weiß wirklich, wann «der richtige Zeitpunkt» gekommen ist. Bei Seitensprüngen aber gibt es einige Hilfestellungen, die für Ehen und andere feste Beziehungen so nicht gelten:

- Im Zweifelsfalle ist lieber früher als später Schluß.
- Im Zweifelsfalle mache lieber ich Schluß als du.
- Im Zweifelsfalle muß Schluß sein, bevor alles herauskommt.
- Beenden Sie Ihren Seitensprung, bevor Liebe daraus wird (oder etwas, das Sie für Liebe halten).

- Sie sind zu Ihrem Vergnügen untreu geworden – wenn Sie keine Lust mehr haben, ist Sense.
- Wenn Sie bedroht oder erpreßt werden, auch emotional, ist Schluß.
- Wenn der/die andere ernsthaft behauptet: «Ohne dich kann ich nicht leben», droht Gefahr. Die Affäre wird einseitig zur Liebesbeziehung. Wenn Ihnen das nicht recht ist (und es sollte Ihnen nicht recht sein), bleibt nur der Schlußstrich.
- Wenn Ihnen das Geld ausgeht, ist Schluß.
- Wenn Sie physisch und/oder psychisch am Ende sind, ist Schluß.

> «Irgendwann wurden die Treffen mit meiner Geliebten zur Gewohnheit. Und dann merkte ich, daß ich eigentlich viel lieber nach Hause wollte. Da habe ich Schluß gemacht – obwohl wir uns nie gestritten haben.»
> (Klaus M., 34, Konditor)

- Im Zweifelsfalle sollten Sie sich immer eher von Ihrem Seitensprung als von Ihrem Lebenspartner trennen.
- Das alles gilt natürlich auch für Ihre/n Freund/in – vielleicht werden also auch Sie verlassen …
- Sie werden es überleben.

«Wenn es im Dreieck zu kompliziert wird, bricht der ‹Untreue› die Außenbeziehungen unter mehr oder weniger großen Schmerzen ab und kehrt wieder zurück in seine Ehe», schreibt Therapeut Hans Jellouscheck. «Eine kurze ‹Affäre›, in der Ehemann oder Ehefrau mit einem/einer Dritten eine schöne, mehr oder weniger wichtige, zum Beispiel sexuelle Erfahrung gemacht hat, aber keine intensive Bindung eingegangen ist, kann dadurch manchmal gut zu Ende gebracht werden. Man darf dabei allerdings den richtigen Zeitpunkt nicht verpassen. Oft werden solche Affären ‹verschleppt›, [...] dann produziert die verpaßte Lösung erst die eigentlichen Probleme.» [59]

Wie im Fall der Lektorin Maja Schacht. «Mein Liebhaber hat immer gesagt: Baby, laß uns doch mal auf dem Balkon vögeln, dann haben auch deine Nachbarn was davon», berichtet sie. «Ich fand das schon damals verletzend und entwürdigend. Mittlerweile ist mir klar, daß er sich einfach nur aufspielen und wichtig machen wollte, sich selbst beweisen mußte, was für ein cooler Typ er ist. Mir hat er bloß gezeigt, was für ein Riesenarschloch er ist. Aber das

Eigenartige war: Von einem normalen Freund hätte ich mich nach dem ersten solchen Spruch sofort getrennt – aber diese Affäre habe ich irgendwie immer weiterlaufen lassen, obwohl ich am Schluß gar nichts mehr davon hatte und nur noch genervt war.»

Ein Seitensprung wird stets umwabert vom Reiz des Geheimnisses, von einer immanenten Spannung, die gar nichts mit diesem speziellen Partner zu tun hat.

Trotzdem sollten Sie auch am Schluß einen kühlen Kopf bewahren und gehen, wenn Ihre Zeit gekommen ist. Seien Sie hart, seien Sie skrupellos, hören Sie auf Ihre innere Stimme.

Sie werden Sex, Zärtlichkeiten und durchs Telefon geflüsterte Komplimente nicht mehr so recht genießen können, wenn Ihr Affärenpartner sich bereits als kleiner Fehlgriff entpuppt hat. Also ziehen Sie die Konsequenzen. Ziehen Sie sie wirklich – und setzen Sie Ihren Entschluß um.

Das Ende eines Seitensprunges ist eben doch – so sehr Sie und wir das auch vermeiden wollten – meist auch das Ende einer «Liebe», und sei es nur das Ende einer lockerleichten Tändelei. Insofern wird es Momente geben, in denen Sie sich nicht sicher sind, was zu tun ist. Oder – nachdem Sie sich getrennt haben – in denen Sie traurig sind und Ihre Entscheidung bereuen.

Sie sollten wissen: Garantien gibt's im Leben nie.

Andererseits kann man die meisten Entscheidungen auch wieder rückgängig machen. Insbesondere dann, wenn man sie mit Anstand über die Bühne gebracht hat. Natürlich sind sie verletzend. Natürlich wollen wir alle – Sie doch auch! –, daß der/die andere uns ewig toll finden möge. Wenn einer gehen will, dann, bitte schön, wir. Aber so ist das Leben nun mal nicht, und wir wissen es alle.

Deshalb können Sie auch, solange Sie sich nicht schäbig verhalten haben, umkehren und sich entschuldigen. Und werden, falls noch Interesse besteht, gute Chancen auf einen Neuanfang haben.

Aber: Sie sollten sich wirklich immer darüber klarbleiben, was Sie anfangen wollten. Nämlich eine grundsätzlich zeitlich begrenzte Liebschaft. Auf welche Zeit begrenzt, war offen. Aber keine unendliche Geschichte. Davon haben Sie schon eine.

Seitensprünge also enden wie eine Zweierbeziehung, aber im Regelfall schneller und entschlossener. Es gibt auch viel weniger zu berücksichtigen: keine gemeinsamen Kinder (hoffentlich!),

Freunde und Doppelhaushälften. Jeder geht einfach seiner Wege, genauso, wie es vorher war, wenngleich bereichert um eine wunderbare Erfahrung.

«Als meine Geliebte das erste Mal mit Tränen in den Augen sagte, sie müsse sich von mir trennen», erinnert sich unser Gesprächspartner Henning Wulff (40), Informatiker, «da hätten bei mir alle Alarmglocken schrillen müssen. Ich aber habe sie überredet, bei mir zu bleiben – ich würde sie doch lieben, es wäre doch wunderbar, wenn wir zusammen seien. Ein paar Wochen später begann sie, Andeutungen zu machen, wir könnten ja später zusammen leben, ob ich das nicht auch schön fände? Immer noch habe ich nicht geschaltet: Ich hielt das für den romantischen Kram, den man eben so sagt, wenn man verliebt ist. Sie aber meinte es ernst! Und war, als ich mich vier Wochen später von ihr trennte – ich hatte plötzlich mehr Streß im Job und fand das Doppelleben zu anstrengend –, entsetzt und enttäuscht. Weil sie mein Schweigen, mein Nicken und meine Liebesschwüre für bare Münze genommen hatte!»

Henning Wulff kam mit einem «blauen Auge» davon, und selbst das nur im übertragenen Sinne. Seine Geliebte bekam einen Weinkrampf, er tröstete sie – und hat sie seitdem nicht wiedergesehen. Immerhin hat sie sich nicht an ihm gerächt.

Denn enttäuschte Liebe ist gefährlich!

Der Schmerz am Schluß gehört dazu

Das gilt auch (oder eigentlich: gerade), wenn nur einer der Beteiligten die hehren Gefühle hegte. Denn er oder sie driftet dann ab in eine Traumwelt – und schlägt um so unsanfter auf dem harten Boden der Wirklichkeit auf.

Machen Sie also lieber keine falschen Versprechungen, beziehen Sie zwischendurch (aber nicht unbedingt gerade im Bett) immer wieder klar Position. Schüren und wecken Sie keine unrealistischen Träume.

Und seien Sie gut zu sich. Tun Sie, was *Ihnen* guttut. Wenn Sie gehen müssen, gehen Sie. Wenn Sie um das Ende der Beziehung trauern müssen – trauern Sie. Wenn Sie merken, daß Sie nicht mit dem Geheimnis leben können, gestehen Sie Ihrem Partner oder Ihrer Partnerin notfalls alles (mehr dazu in unserem Interview mit dem Psychotherapeuten Oskar Holzberg im Anhang).

Erlauben Sie sich Ihre Gefühle. Darum ging es von Anfang an: Sie haben sich Ihr Flirten und Ihr Verliebtsein erlaubt, Sie haben sich den Sex und die «Liebe» erlaubt – dann gehört auch der Schmerz über das Ende organisch dazu. Wenn Sie achselzuckend gehen könnten, wären Sie ein Klotz und die Mühe nicht wert gewesen.

Erlauben Sie sich, lebendig zu sein, sich leben zu fühlen. Bei schönen wie bei unangenehmen Gefühlen und Situationen.

Und: Behalten Sie, wenn Sie eine Affäre beenden, Ihre Alibi-Angewohnheiten der letzten Wochen, Monate oder Jahre bei! Wenn Sie sieben Monate lang angeblich wöchentlich dreimal Gewichte stemmen waren und allabendlich mit dem Hund herumspazierten – dann sollten Sie nicht grundlos von heute auf morgen damit aufhören! Schleichen Sie sich aus. Begründen Sie Ihren schleichenden Ausstieg, aber ganz nebenbei und wie selbstverständlich. Und schleichen Sie sich nicht aus allen unkontrollierbaren Zeitfressern gleichzeitig aus.

Sonst wecken Sie nur im nachhinein Verdacht.

Vorsicht mit Ihren Erinnerungen

Gehen Sie bitte äußerst sorgfältig mit Ihren Erinnerungsstücken um, den geistigen wie den gegenständlichen. Echte Beweisstücke sollte es zwar eigentlich gar nicht geben, aber bestimmt werden Sie doch irgendwas als Andenken aufbewahren wollen. Wenn das wirklich sein muß, dann bitte: heimlich!

Dasselbe gilt für Erinnerungen, die Sie nicht mit Ihrem Lebenspartner teilen. Sie werden vielleicht ganz gern vergessen wollen, woher Sie ein bestimmtes Musical schon kennen oder mit wem Sie in welchem Lokal waren. Aber genau solche Details können auch nach Jahren noch die Bombe hochgehen lassen. Und die Zeit heilt nur bereits vorhandene Wunden. Wenn drei Jahre nach dem Ende einer Affäre alles herauskommt, dann verursacht das frische Wunden!

Ein weiterer Fallstrick ist die – nicht nur für Männer – verführerische Möglichkeit, eine ausgelaugte und abgefeierte Affäre einfach durch einen frischprickelnden Seitensprung zu ersetzen. Können Sie natürlich machen. Von Bett zu Bett zu Bett zu Bett ...

Aber dabei werden Sie erstens irgendwann durchdrehen und vollends die Übersicht verlieren. Und zweitens keine Erfüllung finden.

Es ist schon ein erheblicher Unterschied, ob man zu einem bestimmten Zeitpunkt unter bestimmten Bedingungen einmal oder hin und wieder untreu ist – oder ob man zu einem beliebigen Zeitpunkt unter beliebigen Bedingungen wahllos alles und jede/n «mitnehmen» muß. Damit ist nicht nur ein moralischer Unterschied gemeint, denn das Problem müssen Sie ohnehin für sich klären, sondern auch ein Unterschied für Sie. Ein Seitensprung kann Sie entspannen, entlasten, ergötzen. Oder auch nicht. Ein Dutzend Seitensprünge sind – unserer bescheidenen Meinung nach – ein eindeutiger Hinweis darauf, daß etwas Gravierendes an Ihrer Hauptbeziehung und/oder mit Ihnen nicht stimmt.

Natürlich müssen auch das ganz allein Sie selbst herausfinden. Vielleicht ist ja der nächste Seitensprung aus ganz anderen Gründen

> «Es gab Phasen, da brauchte ich Sex wie die Luft zum Atmen. Jede Nacht. Ich bin wahnsinnig geil um die Häuser gezogen, hab meiner Frau was von Kumpelabenden oder Überstunden erzählt, und hab Frauen aufgerissen. Das hat erst aufgehört, als meine Frau dann schwanger war.»
> (Joachim L., 34, Grafiker)

ausgerechnet jetzt prima für Sie, und der darauf aus wieder anderen Gründen. Vielleicht lügen Sie sich aber auch jedesmal selbst ein wenig tiefer in die Tasche.

Und wenn die Affäre doch nicht endet?

Vielleicht entwickelt sich Ihr Seitensprung auch wie der von Ulrike Silbermann (54), einer Bauzeichnerin. «Mein Mann hatte einen guten Posten bei einer großen Versicherung in Basel. Er arbeitete viel, aber wir waren total abgesichert. Für eine Frau meiner Generation ein wichtiger Punkt. Aber für meinen Mann kam die Firma immer an erster Stelle. Darunter habe ich einerseits gelitten – andererseits hätte er mir eben sonst auch nicht bieten können, was ich wollte und brauchte: Geld und Sicherheit. Wir haben drei Kinder, und als die Jüngste zur Schule kam, saß ich plötzlich zu Hause und fragte mich: War das jetzt alles? Oder kommt da noch was? Wenig später traf ich einen alten Klassenkameraden von mir wieder. Er war mittlerweile von seiner Jugendliebe geschieden, lebte fünfzig Kilometer entfernt in der Nähe von Offenburg und arbeitete dort in einem

Verlag. Zwischen uns funkte es sofort. Ich weihte eine meiner Freundinnen ein – und hatte dann im Grunde Narrenfreiheit. Ich war mit meinem Freund in Paris, in Rom, in Budapest – offiziell natürlich immer mit Gisela.

Aber ich habe auch immer in Angst gelebt, daß alles herauskommt. Bin mit Perücke und Sonnenbrille durch die Stadt gelaufen, wenn er mich mal besuchen kam. Damit mich bloß niemand erkennt. Für mich war immer klar: Ich werde meinen Mann verlassen, ich will mit meinem Freund zusammenziehen. Aber erst, wenn die Kinder aus dem Gröbsten raus sind. Ich fürchtete mich schrecklich vor dem sozialen Abstieg und wollte ihn vor allem auch meinen Kindern nicht zumuten. Ich weiß, die jungen Frauen heute sehen das anders, Selbstverwirklichung, Emanzipation. Emanzipiert war ich wohl nie. Ich hatte immer gern jemanden, der mir sagte, wo's langgeht. Der mit mir kuschelte, sich für mich interessierte. Es war insofern ungerecht, als mein Mann ja im Grunde meine Freiheit finanzierte – ohne sein Geld wäre meine Liebschaft undenkbar gewesen. Vielleicht auch nicht nötig. Aber das wage ich zu bezweifeln. Wir waren immerhin insgesamt 25 Jahre verheiratet, das ist auch ganz schön lange. Wenn es rausgekommen wäre, bevor die Kinder mit der Schule fertig waren, hätte ich die Affäre wohl beendet. Einer Freundin von mir ist das passiert. Die trauert heute noch darüber. Sie sagt, sie hätte den Sprung ins kalte Wasser wagen sollen. Aber ob es dann wirklich geklappt hätte? Vielleicht sind meine materiellen Ansprüche dafür einfach zu hoch. Andererseits gab es schon einige Momente, in denen mein Mann hätte mißtrauisch werden können. Vielleicht wollte er es auch gar nicht wissen. Soll sie sich austoben, das geht schon vorbei. Vielleicht hat er es so gesehen …

Als er mich dann eines Tages mit dem Vornamen seiner Kollegin anredete, war mir sofort klar, daß er nun auch eine Freundin hatte. Den Verdacht hatte, ich schon länger gehabt, weil er plötzlich noch öfter ins Büro gemußt hatte und zu so eigenartigen Zeiten. Aber ich hatte ihn gehen lassen. War mir ja nur recht. Jedenfalls standen meine beiden Jüngsten knapp vor dem Schulabschluß, nur noch ein halbes Jahr, und deshalb trennte ich mich schließlich von meinem Mann. Ich bin dann zu meinem langjährigen Freund und Geliebten gezogen. Mit den Kindern ging es ganz gut, die hatten großes Verständnis. Traurig sind sie natürlich schon, das bin ich ja auch. So viele Jahre verbinden. Aber ich bin jetzt glücklich. Endlich kann ich wieder offen und ehrlich sein, kann erhobenen Hauptes durch die Stadt gehen und alle dürfen sehen, wer der Mann an meiner Seite ist. Die Beziehung hat inzwischen an Tiefe auch nur gewonnen. Ich hatte schon Angst, daß es nicht klappt. Die Heimlichtuerei ist ja auch ein erotischer Reiz an sich. Ich hatte eben Glück. Noch mal möchte ich das aber nicht durchmachen. Ich war die ganzen Jahre über krank, hatte Hautausschlag und psychosomatische Kopfschmerzen. Aufgeben konnte ich meinen Freund aber auch nicht. Und mich früher von meinem Mann trennen? Die Kinder in das ganze Schlamassel hineinziehen? Nein, das hätte ich nicht gekonnt. Ich halte nach wie vor für richtig, was ich getan habe. Daß ich Ausdauer bewiesen habe. Und jetzt – endlich – werde ich ja auch dafür belohnt!»

Bei Ulrike Silbermann wurde aus einer – übrigens ihrer einzigen – Affäre, die ihr eigentlich nur «etwas Entspannung» verschaffen sollte, wie sie selbst sagt, eine neue Liebe. Möglicherweise wirklich fürs Leben.

Seitensprünge enden – wie andere Beziehungen auch, das schrieben wir schon am Anfang dieses Abschnitts.

Wir haben Ihnen die Liebesgeschichte von Ulrike Silbermann erst jetzt erzählt, weil sie zeigt: Affären und Seitensprünge gehen manchmal eben doch gar nicht zu Ende. Auch das haben Sie mit «ganz normalen» Liebesbeziehungen gemeinsam.

Bis zu welchem Punkt Sie in Ihren Beziehungen gehen wollen, müssen Sie selbst entscheiden.

Zusammenfassung

- *Seitensprünge enden – wie andere Beziehungen auch. Wenn es soweit ist: Trennen Sie sich deutlich, sprechen Sie es aus, lassen Sie die Affäre nicht kommentarlos versanden.*

- *Ein Seitensprung ist zu Ende, wenn einer nicht mehr mag. Lieber zu früh als zu spät. Und: Verlassen werden können natürlich auch Sie!*

- *Behalten Sie nach der Trennung von Ihrem Affärenpartner die Angewohnheiten der letzten Wochen bei – verbringen Sie nach wie vor viel Zeit außer Haus. Schleichen Sie sich langsam wieder ein in Ihr ruhiges Familienleben.*

10. Und die Moral von der Geschicht?
Patentrezepte gibt es nicht!

*Sind Sie immer noch – oder jetzt erst recht – bereit
zum Seitensprung? Oder wollen Sie lieber die Finger
davon lassen und sich den Streß, aber auch die
traumhaft schönen Schwebezustände ersparen? Nun
müssen Sie entscheiden, wie Ihr Liebesleben aussehen soll. Nur Mut! Genießen Sie, was Ihnen am liebsten ist.*

Seitensprünge betreffen im Leben jeden mal – das ist mir
inzwischen klargeworden», stellt Hotelfachfrau Barbara
Heinemann (28) fest. «Selbst wenn die Teenagerzeit vorbei ist, in der natürlich auch ich diese unangenehmen Konfronta-
tionen erleben durfte, bei der zwei Jungs einander auf dem Pausen-
hof gegenüberstehen und einer drohend fragt: Geht sie jetzt mit dir
oder mit mir? Entweder geht man selbst fremd, das ist mir zwar
nie passiert, aber teilweise ist das sicher auch auf einen Mangel an
Gelegenheit zurückzuführen. Ich hätte mich, glaube ich, auch
nicht getraut. Oder aber man wird betrogen, so wie ich. Es kam
mir so unendlich schlimm und tragisch vor. Je länger ich aber darüber nachdachte und je mehr ich mich damit beschäftigte, desto
klarer wurde mir: Seitensprünge und Untreue gehören einfach
zum menschlichen Zusammenleben dazu. So oder so oder so. Je
eher und gründlicher man sich damit auseinandersetzt, desto besser ist man darauf vorbereitet, wenn es soweit ist. Insofern hat
mein größtes Problem sicher nicht in der Untreue meines Mannes
bestanden – zumal diese Zeit ja nicht nur schlimm war –, sondern
vor allem darin, daß Untreue immer noch so ein Tabuthema ist.
Ich hatte das Gefühl, ich bin die einzige, der so etwas geschieht.
Und dem ist nun wahrlich nicht so!»

Ähnlich stellten viele unserer Gesprächspartner, die selbst eine Affäre hatten, die Situation dar: Hätte ich mir nur früher und gründlicher Gedanken gemacht, wäre ich mir nicht so einsam vorgekommen. Ich hätte vielleicht dasselbe getan, vielleicht auch nicht – aber

ich hätte mich dabei nicht die ganze Zeit so schlecht gefühlt, wäre vielleicht mehr im Einklang mit mir und meinen Gefühlen gewesen.

Patentrezepte gibt es nicht

Wenn es uns gelungen ist, Ihnen mit diesem Buch eine Art «Anatomie des Seitensprunges» darzulegen, dann haben wir unser Ziel schon erreicht. Ob und mit wem Sie sich nun darauf einlassen, müssen Sie natürlich selbst entscheiden. Denn: Patentrezepte gibt es nicht. Doch vielleicht ist Ihnen bei diesem «Vorspiel im Kopf» schon klargeworden, was Sie wollen, was Sie nicht wollen, und welchen Preis an innerer Zerrissenheit und äußeren Risiken Sie nötigenfalls zu zahlen bereit sind, um wieder Schmetterlinge im Bauch zu spüren.

Dann wären Sie doch schon ein gutes Stück weitergekommen. Oder nicht?

Vielleicht stehen Sie jetzt auf dem Standpunkt, ein einziger Mensch könne gar nicht als idealer Partner lebenslang die wichtigsten Wünsche befriedigen, und der zeitlich und emotional begrenzte Seitensprung sei somit ein legitimes Mittel zum «Erhalt der Erstbeziehung».

Vielleicht sind Sie bereit, sich einfach kopfüber in das Abenteuer Liebe zu stürzen, auch wenn die Form eben nicht offen gebilligt wird.

Vielleicht haben Sie sich aber auch vorerst oder ein für allemal entschieden, lieber daheim zu bleiben und dem Liebesstreß zu entsagen.

Was auch immer ihr persönliches Resümee ist: Sie haben sich intensiv mit einem Phänomen auseinandergesetzt, das weitverbreitet ist und dennoch – meistens aus verständlichen Gründen – totgeschwiegen wird. Zumindest wissen Sie nun sicher: Mit Ihren Wünschen, Bedürfnissen und Hoffnungen, mit Ihrem (verbotenen) Verlangen sind Sie keinesfalls allein.

Wir hoffen, daß Sie, egal, was Sie tun, immer im Auge behalten, daß Sie nicht allein auf der Welt sind. Will sagen: Sie haben natürlich das Recht – manche sagen sogar: die Pflicht –, Ihre Wünsche zu entdecken und sie sich zu erfüllen. Aber Sie haben, so meinen wir, auf keinen Fall das Recht, aus Gedankenlosigkeit und Gefühls-

schlamperei andere zu verletzen. Denn manchmal machen ein bißchen Nachdenken und ein bißchen eigenes Rückgrat plus Courage
das Leben sehr viel einfacher und angenehmer.

Wir wollten Ihnen deutlich machen,

- welche Vor- und Nachteile es hat, sich den Partner zum Fremdge-
hen strategisch gezielt auszusuchen (uns ist bewußt, wie unrealistisch diese Vorstellung zumindest beim ersten Seitensprung erscheinen mag, aber vielleicht lassen Sie wenigstens die Finger von
einer ganz ungeschickten Wahl),
- welche Vor- und Nachteile Sie persönlich von einem Seitensprung haben,
- welche Konsequenzen diese Entscheidung möglicherweise für
Sie, Ihren Lebenspartner und Ihre/n Geliebte/n haben kann,
- wie Sie sich die Erfahrungen zahlreicher geübter Fremdgänger
beider Geschlechter zunutze machen können,
- wie Sie während eines Seitensprungs mit Ihrem Lebensgefährten
oder Ehepartner umgehen sollten,
- ob Sie Ihr Geheimnis für immer bewahren sollten oder nicht;
wann Sie was gestehen sollten,
- wie Sie Beweismaterial vermeiden und dabei doch romantisch
wirken können,
- daß und warum Sie jederzeit wissen sollten, wo Sie stehen und
was Sie ggf. zugeben müssen,
- welches Gefühlsdurcheinander in Ihnen entstehen kann und
wird, welche widerstreitenden Emotionen Sie möglicherweise erfahren werden, vor allem welche Menge unerwünschter und/
oder unerwarteter Gefühle hochkochen könnten – und wie Sie
damit umgehen können,
- ob, wann und wie Sie die Affäre beenden und sich trennen sollten,
- mit welchen Gefühlen und Schwierigkeiten Sie nach dem Ende
eines Seitensprungs noch rechnen müssen.

Sicher sind noch viele Fragen offengeblieben. Die können Sie nun im
einzelnen vertiefen. Denn die Gespräche und Geschichten im
zweiten Teil dieses Buches beleuchten noch einmal unterschiedliche
Facetten dieses unendlich aufregenden Themas. Wir haben mit
zahlreichen Experten gesprochen – darunter einem Theologen,
einem Evolutionsbiologen, einer Ärztin, einem Psychotherapeuten
– die aus ihrer ganz speziellen Sicht z. T. völlig verschiedene Ansich-

ten äußern. Doch wir sind zuversichtlich, daß Sie das nicht verwirren wird.

Schon an dieser Stelle, nach diesem Trainingslager in Sachen Seitensprung, möchten wir Sie in die harsche Wirklichkeit entlassen mit dem Wunsch: Seien Sie UNTREU – ABER RICHTIG!

Zusammenfassung

- *Seitensprünge betreffen – irgendwann im Leben – fast jeden einmal. Als Betrogenen, als Betrüger oder als Dritten im Bunde. Schon deshalb ist es notwendig, sorgfältig darüber nachzudenken und Position zu beziehen.*

- *Patentrezepte gibt es nicht. Sie müssen Ihre eigenen Entscheidungen treffen. Aber immerhin: Mit Ihren Wünschen und Schwierigkeiten sind Sie in bester Gesellschaft!*

- *Wenn Sie eine außereheliche Liebschaft beginnen, seien Sie anständig, seien Sie vorsichtig, seien Sie zufrieden –, seien Sie UNTREU – ABER RICHTIG!*

Geschichten und Gespräche

11. «Müssen Männer untreu sein?»

Dr. Henning Engeln, Evolutionsbiologe und Wissenschaftsredakteur bei der Zeitschrift *GEO*

Männer sind eben so. Sie müssen quasi untreu werden, um ihren Samen «über die ganze Welt zu verteilen». Frauen hingegen sollen daheim bleiben und sich um Küche und Kinder kümmern. Das ist der natürliche Lauf der Welt – fanden und finden natürlich insbesondere Männer.

Evolutionsbiologen stellten hingegen fest: Auch Frauen werden gern mal untreu. Und das ist sogar durchaus sinnvoll, biologisch betrachtet jedenfalls.

Andererseits gibt es auch gute Gründe für die Treue. Wir sprachen mit Dr. Henning Engeln, Evolutionsbiologe und Wissenschaftsjournalist bei *GEO*. Zu seinen Themen gehört auch die «*Evolution der Liebe*».

Es heißt, biologisch gesehen müßten Männer untreu werden – Frauen aber nicht. Stimmt das?

Nein, das stimmt so wohl nicht. Man kann evolutionsbiologische Argumente für die Untreue finden, und zwar sowohl bei Männern wie bei Frauen. Der Biologe staunt nicht gerade darüber, daß es Untreue gibt.

Aber man kann ganz unterschiedliche biologische Gründe finden, weshalb Frauen und Männer untreu werden, so wie ja auch die gesamte Sexualität durch unterschiedliche Motivation und unterschiedliche Interessen gekennzeichnet ist.

Männer und Frauen sind also im Grunde völlig verschieden? Paaren ist gut, Versorgen ist gut, aber der gesellschaftliche Überbau, in dem wir leben, funktioniert nicht – und kann auch gar nicht funktionieren?

Wir haben einerseits einen kulturellen Überbau, aber auch ein biologisches Grundkonzept der Liebe. Das reicht in die Zeit zurück, als die Tiere – vor allem die Säugetiere – mit der Brutpflege begannen. Damit die Jungtiere besser versorgt werden konnten, mußten sich Muttertiere individuell um ihre Kinder kümmern, sie säugen, beschützen, Erfahrungen vermitteln. Dafür mußten sie ihre Jungen individuell kennen und unterscheiden – was Insekten oder Echsen beispielsweise nicht können. Und sie mußten eine emotionale Bindung entwickeln, das ist biologisch sinnvoll. So – mit diesem ‹Band der Mutterliebe› – hat es angefangen. Je länger die Jungen auf die Mutter angewiesen blieben, und bei Menschen ist das ja nun extrem lange, desto sinnvoller war es, daß auch die Männer mit einbezogen wurden. Evolutionsbiologen vermuten, daß das zu dem Zeitpunkt geschah, als die Menschenvorfahren sich aufrichteten und aus dem Urwald in die Savanne zogen. Die Mütter waren recht hilflos, weil sie aufrecht gehend ihre Kinder tragen mußten und zudem durch ihren eingeschränkten Aktionsradius schlechter auf Futtersuche gehen konnten.

Sie waren darauf angewiesen, daß ein anderes – männliches – Tier sie mitversorgt. Oder andersherum argumentiert: Mütter, denen es gelang, einen Mann an sich zu binden, hatten einen Überlebensvorteil. So hat die Natur die Liebe «erfunden».

Und aus dieser Zeit resultiert auch unsere Familienstruktur, Mann und Frau sind aneinander gebunden, und es werden sich auch die hormonellen Strukturen entsprechend gebildet haben.

Ein soziales Phänomen – der Familienverband – wäre demnach vererbbar?

Davon gehen wir aus. Es werden aber keine starren Verhaltensmuster vererbt, sondern nur Grundtendenzen. Gerade bei Menschen können diese durch Flexibilität und kulturelle Einflüsse auch überlagert werden. Aber im Grunde werden wir mit einem Muster geboren, das uns für ein bestimmtes Sozialverhalten prädestiniert.

Wie lange dauert ein solcher genetischer Selektionsprozeß eigentlich?

Sehr, sehr lange. Deshalb können wir auch davon ausgehen, daß der kulturelle Überbau, den wir seit ein paar tausend Jahren haben, noch nicht viel bewirkt hat. Wenn es um Genetik geht, reden wir über Hunderttausende von Jahren, manchmal sogar Jahrmillionen. Außerdem ist die Liebe eine sehr komplexe Sache, für die es nicht ein einziges Gen gibt, sondern an der viele verschiedene Gene beteiligt sind.

Insofern sind also die Vergleiche mit dem Verhalten von Menschenaffen durchaus legitim, weil sie uns evolutionsbiologisch sehr nah sind?

Das kann man so sagen. Es ist sicher erlaubt, auf Menschenaffen zu gucken. Aber mit der nötigen Vorsicht. Sie sind recht nah mit uns verwandt, haben aber zum Teil ganz andere soziale Strukturen. Gorillas leben in Harems, ein dominierendes Männchen lebt mit mehreren Weibchen und duldet lediglich jüngere Männchen neben sich. Der Orang-Utan hingegen ist eher Einzelgänger, bildet nur gelegentlich kleine Trupps. Und Schimpansen leben mit vielen Tieren, Männchen wie Weibchen, in einer Gruppe, und haben auch ein ganz anderes Sexualverhalten. Bei Schimpansen beobachtet man viel Promiskuität, jeder hat Geschlechtsverkehr mit jedem anderen.

Ist das nicht biologisch sehr sinnvoll, weil dann die Gene gut durchgemischt werden?

Nicht unbedingt, weil wir davon ausgehen, daß sich ein Verhaltensmuster durchsetzt, das einen bestimmten Vorteil bietet. Wenn sich zwei zusammentun und ihre Jungen besonders gut über die Runden bringen können, sie besonders gut beschützen, ihnen besonders viel Nahrung bringen, dann wird sich dieses Verhalten auch stärker vererben.

Wahrscheinlich haben auch Urstämme der Menschen gelebt, bei denen jeder mit jedem Geschlechtsverkehr hatte, aber das Konzept, wo sich ein Mann mit einer Frau zusammengetan hat, scheint das erfolgversprechendste gewesen zu sein.

Unser größtes Problem an der Untreue ist ja die Eifersucht. Wir können selbst dann nicht achselzuckend über Untreue hinwegsehen, wenn bisher gar kein Kind gezeugt wurde. Warum nicht?

Das ist biologisch gut begründbar. Versetzen wir uns mal in die Lage eines Urmenschen. Die Frau ist im gebärfähigen Alter. Also muß sie – natürlich nicht bewußt – zusehen, daß sie ein männliches Wesen findet, das sich möglichst liebevoll um ihre Kinder kümmern kann, das bei ihr bleibt und die Kinder mit ihr gemeinsam aufzieht. Denn wenn der Mann nur durch die Lande wandert und Kinder zeugt, könnte man zwar sagen, er hat seine biologische Pflicht getan. Aber für seine Frauen ist es eine schwierige Situation, weil sie sich alleine um das Kind kümmern müssen. Daher das starke Interesse einer Frau, daß er bei ihr bleibt.

Bei den Männern sieht es etwas anders aus. Die könnten – unbewußt – auch auf Quantität setzen, einen ‹größeren› Beitrag für die nächste Generation leisten. So erklären die Evolutionsbiologen, daß bei den Männern die Tendenz größer ist, einfach mal die Partnerin zu wechseln oder untreu zu werden. Denn es kostet sie ja nichts, sie haben kaum Nachteile.

Also müßten die Frauen doch ganz zufrieden sein, solange die Männer nach einem Seitensprung zurückkommen und bleiben. Dann ist doch die Versorgung gesichert.

In der Tat läßt sich so eine Tendenz nachweisen. Evolutionspsychologen haben Männern und Frauen die Frage gestellt: Würde es euch mehr stören, wenn euer Partner mit jemand anders Sex hätte, oder wenn er eine starke emotionale Bindung zu jemand anders hat? 83 Prozent der Frauen sagen: Es stört mich mehr, wenn er eine emotionale Bindung hat. Stören tut sie beides, aber die emotionale Bindung ist das größere Problem. Bei Männern sagen 60 Prozent, daß es sie mehr stört, wenn ihre Frau Sex mit einem anderen hat.

Daraus kann man ablesen, daß es für die Frau schlimmer ist, wenn der Mann weggeht und sie nicht mehr unterstützt. Immer auf die Urzeiten bezogen. Weil sie dann mit dem Kind alleine ist. Gleichgültig können den Frauen die Seitensprünge der Männer aber trotzdem nicht sein, weil ja immer das Risiko besteht, daß er sie eben doch ganz verläßt. Die Männer stört deshalb der Sex ihrer Frau mit einem anderen mehr, weil die Gefahr groß ist, daß sie schwanger wird. Zu Urzeiten gab es ja keine Verhütungsmittel, und wenn die Weibchen sich gepaart hatten, bestand die Gefahr, daß plötzlich ein Kind von einem anderen Männchen da war. Das Männchen hatte dann – biologisch gesehen – versagt, denn es hatte seine Gene nicht weitergegeben. Die Frau aber kann sich immer sicher sein: Das Kind, das ich gebäre, ist mein eigenes.

Ein Seitensprung stört das Vertrauen in eine Beziehung. Wieso eigentlich? Und warum empfinden wir das als so schlimm?

Vertrauen ist Bestandteil dieser Beziehung und ist biologisch sinnvoll. Die Frau muß sich darauf verlassen können, daß der Mann sie unterstützt. Es bleibt also der Zweifel – auch wenn er zurückkehrt –, ob er wirklich bleibt oder vielleicht bald wieder geht. Insofern ist die Beziehung nicht mehr so ideal, wie sie sein könnte.

Viele sagen ja, sie lieben zwei Menschen. Am liebsten wäre ihnen, sie würden mit zwei Männern oder zwei Frauen in einem Haus wohnen. Ist das denkbar?

Es gibt sicher wenig ursprüngliche Gesellschaften, in denen so etwas funktioniert. Vom praktischen Zusammenleben ist es einfa-

146

cher und sinnvoller, wenn sich ein Paar aufeinander besinnt. Wo Männer üblicherweise Vielweiberei betreiben, arrangieren die Frauen sich damit, aber sie würden's nicht unbedingt freiwillig machen. Das ist durch bestimmte soziale und kulturelle Strukturen bedingt, hat meist mit Versorgung zu tun. Lieber die zweite Frau eines Reichen als die Erstfrau eines Habenichts.

Es gibt Untersuchungen, nach denen Menschen nach vier Jahren Zusammensein eine Art ‹innere Unruhe› entwickeln. Ein Großteil der Ehen wird ja auch nach vier Jahren geschieden. Ist insofern nicht unsere Gesellschaftsdoktrin der lebenslangen Einehe unsinnig?

Lebenslange Monogamie ist sicher nichts, was biologisch vorgegeben wäre. Das ist eine kulturelle Vorgabe. Die amerikanische Anthropologin Helen Fisher, von der diese Untersuchung stammt, sagt, daß diese Tendenz von den Frauen ausgeht; immer auf die Urzeit bezogen. Nach vier Jahren war das Kind aus dem Gröbsten raus, und die Frau war nicht mehr so abhängig. Also kann sie sich die Frage stellen: Bleibe ich mit meinem Mann zusammen, ist er gut genug, oder orientiere ich mich neu? Biologisch ist dagegen überhaupt nichts einzuwenden.

Andererseits gibt es heute – und vermutlich auch damals – einen großen Anteil an Familien, in denen es funktioniert. In Deutschland liegt die Scheidungsrate bei 30 Prozent, in Amerika bei 50 Prozent – da bleiben ja mindestens 50 Prozent, die ihr Leben lang zusammenbleiben und denen Treue offenbar nicht schwerfällt. Beide Optionen sind drin.

Wozu soll denn das Ideal lebenslanger Einehe gut sein, und was ist eigentlich daran so ‹ideal›?

Das hat wahrscheinlich damit zu tun, daß soziale und gesellschaftliche Strukturen sich besser aufrechterhalten lassen, wenn Paare lebenslang treu bleiben oder zumindest bleiben sollen. Das hält die Menschen ruhiger, die Gesellschaft stabiler. Aber das ist nur meine Vermutung, ich bin kein Soziologe.

Kann es andererseits biologisch auch sinnvoll sein, einander treu zu bleiben?

Ja, sicher. Von der Frau aus betrachtet auf jeden Fall. Eine Frau kann nur eine bestimmte Anzahl Kinder gebären. Wenn sie glaubt, den idealen Partner dafür gefunden zu haben, spricht biologisch betrachtet überhaupt nichts dagegen, bei ihm zu bleiben.

Beim Mann könnte man sagen, er kann mit einer Frau nur eine begrenzte Zahl Kinder zeugen, durch Seitensprünge noch viel mehr. Aber wenn sich keine Gelegenheit ergibt – die Gesellschaft verbietet Untreue, es ist keine andere Frau da –, kann er sich sagen: Ich bin glücklich und zufrieden mit meiner Frau, habe meine Kinder in die Welt gesetzt, das reicht aus.

Nun gibt es ja viele, denen es beim Sex gar nicht ums Kinderkriegen geht. Oder geht es letztlich eben doch immer um die Fortpflanzung?

Ja, wir Biologen gehen davon aus, daß zumindest die Entstehung dieser ganzen Verhaltensweisen mit der Fortpflanzung zusammenhängt. Daß wir heute kulturell und durch die technischen Möglichkeiten in einem ganz anderen Umfeld leben, daß Bindung und Zusammenleben nichts mehr mit dem Kinderkriegen zu tun haben müssen, ist erst seit so kurzer Zeit der Fall, daß die grundlegenden Verhaltensweisen sich sicher noch nicht geändert haben. Wir leben zwar in einer modernen Umgebung, verhalten uns aber immer noch so, als ob wir in der Urzeitwelt lebten.

Nach welchen Kriterien suchen sich Menschen eigentlich ihre Partner? Stars werden ja oft dafür verspottet, immer wieder junge Frauen des gleichen Typs zu heiraten. Wie kommt das?

Der Typus Frau, die ein Mann liebt, die er begehrt und der er nachstellt, ist sicher stets ähnlich. Das hat aber keinen biologischen Hintergrund, das sind Prägungen aus der Kindheit und gesellschaftliche Normen. Biologisch gesehen muß eine Frau nur jung und schön sein und möglichst viele Kinder bekommen können.

Darüber hinaus aber spielt auch die Genetik eine Rolle. Jeder Mensch sendet über seinen Schweiß bestimmte Duftstoffe aus. Untersuchungen besagen, daß man sich seinen Partner so aussucht, daß er einem genetisch möglichst wenig ähnelt, damit möglichst verschiedenartiges Erbgut zusammenkommt. Das führt zu größerer Vielfalt und höherer Überlebensfähigkeit der nächsten Generation. Wir können – natürlich unbewußt – riechen, ob jemand uns genetisch ähnlich ist, und wir bevorzugen Partner, die das nicht sind. Denn je verschiedenartiger die genetischen Kombinationen sind, desto besser kann das Immunsystem auf Krankheitserreger reagieren. So wird also das Überleben der Art gesichert.

Was ist eigentlich dran an der Idee, daß es irgendwo auf der Welt den idealen Partner für jeden gibt?

Die Partnerwahl ist sicher nicht ganz zufällig, aber es gibt bestimmt auch nicht nur einen idealen Partner. Es ist sicher nicht so, daß man sich mit einem x-beliebigen Partner nur lange genug Mühe geben muß, und dann paßt man schon zusammen. Der amerikanische Psychologe Robert Sternberg hat da eine neue Theorie aufgestellt. Er sagt, wir ‹erfinden› uns unbewußt Liebesgeschichten. Und wenn zwei Leute die gleiche Story erleben wollen, passen sie zueinander. Das kann eine romantische Liebesgeschichte sein oder eine Busineß-Story, bei der die Versorgung im Vordergrund steht; es können aber auch die Kriegs- oder die Horror-Story sein, bei der es nach außen hin nicht sehr passend wirkt.

Was treibt aber unter diesen Bedingungen Frauen zum Seitensprung?

Biologisch nicht viel, weil sie immer riskieren, vom Partner verlassen zu werden und dann das Kind allein großziehen zu müssen. Wenn sie jedoch einen Partner haben, der sehr nett und fürsorglich ist, aber körperlich nicht sehr tüchtig – dann könnten sie versuchen, mit einem Supermann ein genetisch ganz «hochwertiges» Kind zu kriegen und es vom treuen Gatten aufziehen zu lassen. Insofern suchen Frauen – das kann man in entsprechenden Untersuchungen auch nachweisen – ihren Partner eher nach dauerhaften Gesichtspunkten aus wie Verläßlichkeit und Fürsorglichkeit. Bei Seitensprüngen spielen Ideale wie Kraft, Körperbau und Aussehen eine viel größere Rolle.

Das ist unsere eigentliche biologische Motivation, auch wenn wir es rational vielleicht damit begründen, wir hätten uns neu verliebt. Untreue kann natürlich auch eine Form sein, in der eine grundsätzliche Neuorientierung der Partnerschaft versucht oder ausprobiert wird, gerade bei Frauen.

Treue über die Menopause hinaus ist demnach biologisch wenig sinnvoll? Die Frau kann keine Kinder mehr gebären, der Mann aber wohl noch welche zeugen …

Das kann man so und so sehen. Wenn Kinder da sind, ist Treue mit Sicherheit sinnvoll. Wenn sich Paare in diesem Alter aber scheiden lassen, haben die Männer die Tendenz, deutlich jüngere Partnerinnen zu heiraten, Frauen hingegen suchen sich eher noch ältere Männer. Bei den Frauen spielt Zeugungsfähigkeit dann keine Rolle mehr, die suchen sich vielleicht einen reiferen Mann, mit dem sie nicht mehr soviel Ärger haben.

Männer gründen häufig tatsächlich noch mal Familien. Das sieht man besonders oft bei Prominenten, die es sich leisten können. Wenn wir wieder an die Urzeit denken, waren das diejenigen, die Erfolg hatten, beschützen konnten, Macht hatten – und demnach Garanten waren, Kinder gut zu versorgen. Und dadurch wiederum ziehen sie junge Frauen im gebärfähigen Alter an.

Macht und Geld sind also eindeutig und sogar sinnvollerweise sexy?

So gesehen ja. Geld macht Männer erotisch. Für Frauen gilt nach wie vor, daß Jugend und Attraktivität erotisch sind, weil das signalisiert, daß sie viele, gesunde Kinder bekommen können.

Im übrigen suchen sogar Frauen, die sehr viel Geld haben, nicht etwa Partner, die bloß gut aussehen. Ihnen ist wichtig, daß die Männer noch reicher sind, also eine noch größere Macht haben.

Wie schnell sind Männer und Frauen zum Sex – biologisch also zum Versuch einer Zeugung – bereit? Gibt es da Unterschiede?

Ja. Männer sind sehr viel schneller bereit, mit einer Frau ins Bett zu steigen. In Amerika wurden Studenten und Studentinnen als Lockvögel ausgeschickt und sprachen andere Studenten an. Dabei stellte sich heraus: 50 Prozent der Männer *und* der Frauen waren bereit, mit einem bzw. einer Fremden Kaffee trinken zu gehen. Davon waren nur 6 Prozent der Frauen – aber 69 Prozent der Männer – bereit, anschließend zu der neuen Bekanntschaft mit nach Hause zu kommen. Und von diesen 69 Prozent der Männer waren drei Viertel bereit, mit der Frau noch am selben Abend ins Bett zu gehen. Aber von den sechs Prozent Frauen, die noch mit in die Wohnung gekommen waren, wollte keine einzige gleich mit der neuen Bekanntschaft schlafen.

Das hat natürlich auch soziale und kulturelle Hintergründe und wird auch mal schwanken. Aber der Unterschied wird klar: Frauen wollen Männer erst mal kennenlernen und abklopfen, den Männern ist das relativ egal. Die Frau riskiert, schwanger zu werden, der Mann riskiert erst mal nichts, außer ein Kind zu zeugen, um das er sich nicht kümmern muß, wenn er nicht will.

Kann es für einen Mann wirklich ‹nur Sex› sein?

Ja, wohl schon. Wenn ein Mann beispielsweise zu einer Hure geht, hat es für ihn wahrscheinlich keine große Bedeutung, es gibt keine emotionale Bindung. Frauen wollen erst eine Bindung und dann Sex; Männer wollen Sex und lassen sich erst danach auf eine Bindung ein.

12. «Großes Zimmer und Champagner»
Die Empfangschefin eines renommierten Großstadt-Hotels

In den Rotlichtvierteln kosten Zimmer mit Bett oft nur 30 Mark die Nacht oder 20 Mark die Stunde. Wer aber edel – oder auf einer Geschäftsreise – fremdgehen will, bewegt sich in anderen Kreisen. Wie normal – und wie riskant – ist es, mit nur einem Ziel in einem teuren Hotel abzusteigen?

Wir sprachen mit der Empfangschefin eines großen Hotels – unter der Bedingung, daß sowohl sie als auch das Hotel ungenannt bleiben.

Was kostet ein Zimmer bei Ihnen?

Es gibt nur Doppelzimmer. Als Einzel kostet das 200 Mark, als Doppel 240 Mark.

Werden Leute in Ihrem Hotel untreu? Bekommen Sie das mit?

Wir kriegen alles mit! Für den Gast ist das Personal unsichtbar, eine gesichtslose Sammlung dienstbarer Geister. Aber wir haben unsere Augen und Ohren überall. Sonst könnten wir auch unseren gehobenen Service nicht anbieten.

Diskretion?

Ist selbstverständlich. Sollen die Leute doch tun, was sie wollen. Nur manchmal tun sie mir leid, die armen Würmer, die sich so verstecken müssen mit ihrer Liebe ...

In erster Linie reden wir über Männer?

Ja, in erster Linie schon. Unter der Woche sind es Geschäftsreisende, am Wochenende kommen viele Selbständige mit ihrer Freundin. Aber auch Busineß-Frauen nehmen mittlerweile häufiger mal einen Mann mit aufs Zimmer. Das Verhältnis Männer/Frauen liegt bei etwa 80 zu 20; das entspricht auch in etwa dem Verhältnis der Geschlechter unter unseren Gästen.

Und wie viele bleiben solo?

Ich schätze 40 Prozent. 60 Prozent haben mindestens einmal die Woche Besuch. Und es gibt auch Geschäftsleute, die laufen tagsüber im gedeckten Anzug rum und vergnügen sich nachts mit drei Frauen auf dem Zimmer. Kommt gar nicht so selten vor.

Und das Zimmer zahlt die Firma?

Auf Wunsch splitten wir die Rechnung. Genauso, als ob jemand mit seiner Frau anreist. Eine Rechnung über das Einzelzimmer an die Firma, eine private Rechnung über den Rest.

Einzelzimmer gebucht, aber offensichtlich Besuch gehabt – was geschieht dann?

Das meldet unser Hauspersonal an die Zentrale. Es wird in den Computer eingegeben. Und beim Auschecken wird der Gast höflich darauf hingewiesen. Dann muß er den Doppelzimmer-Aufschlag zahlen. Wenn er alles abstreitet, können wir zwar nichts machen. Aber die meisten zahlen.

Kann ich angeben, wer offiziell auf dem Zimmer erreichbar ist – und wer nicht?

Selbstverständlich. Wir geben auch niemals Auskünfte über unsere Gäste, weder telefonisch noch an der Rezeption. Da rufen manchmal mißtrauische Ehefrauen zehnmal am Tag an oder reisen ihren Männern sogar nach. Wir stellen Anrufer gerne durch, sofern der Gast nichts Gegenteiliges geäußert hat, aber wir geben keinerlei Auskünfte. Das ist oft wirklich nicht einfach durchzuhalten, zumal die Anrufer auch ganz schön raffinierte Fragen stellen …

Muß man beim Einchecken einen Ausweis vorlegen?

Nein, Sie müssen nur eine Anmeldung ausfüllen. Wir überprüfen das nicht. Wir verlangen auch keine Vorauskasse. Wenn jemand es unbedingt will, können wir ihn auch ganz aus dem Computer ‹entfernen›; dann taucht der Name erst wieder bei der Abrechnung auf.

Muß man reservieren?

Sie können auch spontan vorbeikommen. Am Wochenende passiert das oft. Da nehmen Leute sich nur für ein paar Stunden ein Zimmer. Viele Popstars, die mit zwei Frauen im Arm ankommen. Die meisten Männer nehmen dann übrigens ein größeres, teureres Zimmer, bestellen auch noch eine Flasche Champagner beim Zimmerservice, weil sie angeben wollen. Und zahlen bar.

Klagen Seitenspringer Ihnen auch ihr Leid? Bitten um Rat und Hilfe?

Das passiert durchaus. Wenn wir die Zeit haben, was während der Nachtschicht schon mal vorkommen kann, hören wir auch gerne zu. Das lockert unseren Alltag ja auch ein wenig auf. Helfen können wir natürlich keinem.

Was immer wieder vorkommt, ist, daß Leute von uns eine, äh …

eine einschlägig bekannte Dame empfohlen haben wollen. Das lehnen wir grundsätzlich ab. Wir kennen auch die meisten dieser Damen aus der Umgebung – wenn die ‹zu Besuch› kommen, weisen wir sie ab. Wir behaupten dann, der genannte Gast wohne nicht bei uns.

Und vollkommen tabu ist natürlich, das Hauspersonal als Freiwild zu betrachten. Solche Gäste verweisen wir sofort des Hauses.

Was passiert, wenn ein Gast etwas liegenläßt?

Die Leute vergessen die abenteuerlichsten Sachen: Koffer, Handgepäck, Schränke voll Klamotten, Kaninchen im Käfig. Früher haben wir solche Dinge nachgeschickt, als besonderen Service. Dafür haben wir ein paarmal mächtig Ärger bekommen. Mittlerweile lagern alle großen Hotels diese Dinge. Der Gast muß anrufen und nachfragen. Von uns aus melden wir uns nur, wenn es sich um offensichtlich wichtige Dinge handelt: Tickets, Ausweise. Dann ruft unser Sicherheitsbeauftragter an. Der meldet sich nur mit Namen, ohne das Hotel zu erwähnen, und spricht nur mit dem Gast persönlich. Diese Diskretion wissen unsere Gäste zu schätzen.

13. «Eheliche Treue ist ein Ausdruck der Treue Gottes zu uns»

Nils Gerke, Pastor, Psychotherapeut und Seelsorger

Die Kirche hat bekanntermaßen über Tausende von Jahren eine klare Position gegenüber ehelicher Untreue eingenommen: Sie war kategorisch verboten. Zugleich aber durften die mächtigen Kirchenherrn und Könige durchaus ihre Liebschaften pflegen.

Heutzutage nun ist die Kirche keine düster-bedrohliche Macht mehr, sondern lädt ein zum Dialog. Aber worüber? Und: Läßt sich die Sünde des Ehebruchs eigentlich mit einer Beichte aus der Welt schaffen? Wäre doch sehr praktisch ...

Wir sprachen mit Nils Gerke, einem evangelischen Pastor, der zugleich Diplom-Psychologe, Psychotherapeut (BDP), Ehe- und Lebensberater (DAJEB) und Leiter des Beratungs- und Seelsorgezentrums an der Hamburger Hauptkirche St. Petri ist.

Was verstehen Sie – und die Bibel – unter Untreue?

Die Bibel befaßt sich mit dem Stichwort Treue/Untreue in ganz vielen Konstellationen, nicht bloß zwischen zwei Menschen. Das Alte Testament könnte man auch als eine Geschichte der Untreue bezeichnen. Das Alte Testament mit seinen großen historischen Schwingungen beschreibt immer wieder die Untreue des Gottesvolkes gegenüber seinem Gott. Und es endet immer wieder mit einem neuen Bund zwischen den beiden. Die Geschichte von Noah kennen Sie ganz bestimmt, und sie endet mit dem Noah-Bund.

Die Ehe gilt auch als Bild für die Beziehung zwischen Gott und dem Gottesvolk. Negativ beispielsweise beim Prophet Hosea, der auf Gottes Befehl eine Hure heiraten und mit ihr Kinder bekommen muß, um an dieser Beziehung das Verhältnis zwischen Gott und dem Volk Gottes deutlich zu machen. Das Volk Gottes wird dabei mit der Hure verglichen. Theologisch ist gemeint: untreu zu werden, indem man anderen Göttern glaubt.

Der letzte Bund des Gottesvolkes ist der Bund des Jesus. Das ist der neue Bund, das Neue Testament. Hier wird also ein ganzes Volk in die Vorstellung von Treue eingebunden, nicht bloß ein oder zwei Personen. Das ist im Grunde auch politisch gemeint: Daß ein ganzes Volk sich eingebunden sieht in eine Partnerschaft, die einerseits schützt, auf der anderen Seite aber auch zu Vertrauen einlädt und auffordert. Insofern ist es eine ungleiche ‹Ehe›.

In der Sprache des Alten Testaments wird Gott sehr menschlich dargestellt – er ist auch eifersüchtig. Gott empört sich und ist zornig. Das macht deutlich: Gott liegt auch etwas an diesem Volk, er kämpft darum, er müht sich. Und Gott ist aufgrund seiner göttlichen Position immer in der Lage, dem Volk seine Untreue nicht nachzutragen und einen neuen Bund zu schließen.

Bezogen auf eine Paarsituation hieße das: Da wird einer untreu, und danach schließen wir den Bund fürs Leben aufs neue.

Aber Gott ist doch allmächtig. Wozu dann dieser ganze Aufstand? Warum schafft er sich nicht ein Volk, das ihm einfach von sich aus treu ist und bleibt?

Darin spiegelt sich das wider, was wir unter Paarbeziehung verstehen. Nämlich daß Gott seinem Partner diesen Freiraum sehr wohl läßt, untreu zu werden. Er fesselt das Volk eben nicht mit einer wie auch immer gearteten Kette an sich, von der es kein Entweichen gibt. Gemeint ist Allmacht nicht im Sinne eines Marionettentheaters, in dem Gott die Fäden zieht. Sondern Gott ist ein Partner, der klare Wünsche und Vorstellungen hat, aber sie dem Volk nicht diktatorisch aufdrückt.

Die Allmacht Gottes bekommt in Jesus von Nazareth noch eine andere Wendung. Gott setzt ja das Leben seines Sohnes ein, um einen neuen Bund herzustellen. Die Verbindung zwischen Gott und Jesus ist so eng, daß wir sagen können: Gott stirbt am Kreuz auch mit. Das zeigt, daß Gott *darin* allmächtig ist, daß er ohnmächtig ist.

Jesus sagt ja auch: Ich bin nicht ein König dieser Welt, sondern ein König im geistigen Sinne. Die Macht Gottes besteht in seiner Ohnmacht, gerade gegen unser Denken.

Deshalb gab es im Mittelalter auch nebeneinander weltliche und geistliche Herrscher?

Genau. Das ging so lange gut, wie beide – der Papst und der Kaiser – sich darüber klar waren, wer für was zuständig war.

Soll unsere Einehe möglicherweise einfach nur – als soziale Tradition, die maßgeblich durch die Kirche geprägt wurde – unser gesellschaftliches System stabilisieren?

Ich habe von einem Soziologen einmal gelernt, daß es die Ehe, über die wir heute reden, erst seit dem vorigen Jahrhundert gibt. Vorher war eine solche Ehe nicht möglich, weil die meisten Männer keine Möglichkeit hatten, um außer sich selbst noch Frau und Kinder zu ernähren. Also gab es ganz viele unverheiratete Einzelpersonen, die als Knechte und Mägde irgendwie mitlebten, die aber nicht verheiratet sein konnten.

Erst im vorigen Jahrhundert, in der Romantik, hat sich unsere Ehe und das viel gefühlvollere Denken entwickelt. Daher stammt das heute so belastende, auf dem Tablett hochgehobene Bild der Zweisamkeit.

Natürlich hat die Ehe auch biblische Wurzeln. Zur Zeit Jesu gab es die Einehe schon, im Alten Testament weniger. Bei Paulus steht – auch auf Paare bezogen –: «Einer trage des anderen Last.»

Ehebruch kostete einen Monatslohn
«Gegen entsprechende Geldspenden war es [zu Luthers Zeit] möglich, aus dem Gnadenvorrat der Kirche einen Ablaß zu erwerben und dadurch seine Sünden und die damit verbundene Strafzeit im Fegefeuer zu kürzen. Ehebruch kostete im einfachen Tarif etwa einen Monatslohn.» [60]

Ist irgendwo in der Bibel die Ehe beschrieben?

Nein, das wird vorausgesetzt. Es wird nur darüber gesprochen, wie man damit umgeht, wenn eine Ehe gebrochen wird.

Wie denn?

Das wird – wie auch in unserer heutigen Rechtsprechung – fallorientiert entschieden. Theologisch wichtig ist die klassische Geschichte von der Ehebrecherin (Johannesevangelium Kap. 8). Die Frommen, die genau wissen, wie alles zu laufen hat, ertappen eine Frau beim Ehebruch. Sie bringen sie zu Jesus und warten nun, was er tun wird. Eigentlich wollen sie ihn provozieren, etwas zu sagen, womit sie ihm beweisen könnten, daß er unrecht hat. Die Ehebrecherin ist nur Mittel zum Zweck.

Jesus kümmert sich erst einmal gar nicht um diese Leute und malt mit dem Finger in den Sand. Die Leute sagen ihm: «Wir haben sie auf frischer Tat ertappt!» Darauf stand Steinigung. Jesus richtet sich auf und sagt: «Wer hier ohne Sünde ist, werfe den ersten Stein.» Einer nach dem anderen verschwindet. Schließlich stehen die

Ehebrecherin und Jesus alleine da. Er hat die ganze Zeit im Sand geschrieben und gar nichts mitbekommen. Nun fragt er sie: «Wo sind denn diejenigen, die über dich richten wollten?» Und sie sagt, die seien alle weggegangen.

Jesus sagt daraufhin: «Ich verdamme dich auch nicht. Gehe hin und sündige hinfort nicht mehr.»

Das heißt in unserer Sprache: Der Bruch, der durch den Ehebruch zwischen ihr und ihrer Umwelt entstanden ist, soll keine Wirkung für die Zukunft haben, denn solche Brüche – Sünden – leisten wir uns alle.

Also: Mute dir nicht zu, mit dir selbst unklar zu werden. Sieh zu, daß du hinfort mit dir in Übereinstimmung bleibst, dann wirst du auch nicht mehr sündigen. Nichts, keine Verurteilung, soll dich daran hindern, das gründlich zu klären. Dann wirst du auch einsehen können, wie Gott sich das gedacht hat.

Bedeutet das im Umkehrschluß, wenn ich meinen Frieden mit mir schließe und eins mit mir bin, ist es für mich auch nicht notwendig, mich sündig zu verhalten?

Die Bibel meint sicher, daß man die Treue zu sich selbst als Ausdruck der Treue Gottes zu einem selbst finden soll. Wenn man die gefunden hat, dann wird auch klar sein, ob man in einer Beziehung zu einem Menschen oder zu einem sozialen Gefüge oder zu etwas anderem leben will.

Und was, wenn es erneut geschieht?

Da kann man das Alte Testament so verstehen, daß es danach immer wieder einen Neuanfang geben kann. Zwischen Gott und dem Gottesvolk hat es ja nie ein Ende gegeben. Er hätte es ja schon beim erstenmal, beim Tanz ums goldene Kalb, aufgeben können. Aber sie haben sich immer wieder zusammengefunden, dann ist das Volk seiner eigenen Wege gegangen, aber sie fanden sich wiederum zusammen, neuer Bund, wieder die eigenen Wege ...

Gott beläßt uns in der Freiheit, uns selber und damit auch jemand anders untreu zu werden – und uns dann auch wieder zurechtzufinden.

Heißt das, man soll, wenn eine Ehe erst mal geschlossen ist, immer und immer wieder versuchen, treu zu bleiben?

In meine Beratung kam mal eine ältere Frau, die nach dreißig Jahren Ehe überlegte, sich zu trennen. Nach weiteren zwei Jahren hat sie's dann geschafft. Ich denke, nach dem, was sie mir erzählt hat: Sie war dreißig Jahre lang in dieser Beziehung untreu, sich selbst untreu! Im letzten Moment, denn das Leben, das vor ihr lag, war ja nicht mehr lang, hat sie es noch geschafft, in Übereinstimmung mit sich und getrennt von ihrem Mann zu leben. Da spielte kein anderer Mann eine Rolle, nur sie selbst.

Wenn man kirchlich heiratet, heißt es dann immer noch: «bis daß der Tod euch scheidet»?

Unterschiedlich. Ich sage, in Absprache mit dem Paar: «ein ganzes Leben lang». Denn das ist gemeint; ob wir durch den Tod geschieden werden, wissen wir nicht, weil wir nicht wissen, was danach kommt.

Die Absicht einer Heirat ist also, das ganze Leben lang zusammenzubleiben. Aber Sie sagen auch, jemand kann sich selber innerhalb einer Ehe untreu sein – und sich wieder treu werden, indem er die Ehe aufgibt. Wie paßt das zusammen?

Die Geschichte der Ehebrecherin zeigt ja, daß in einer Biographie Entwicklung stattfindet. Das ist theologisch klar und auch psychologisch. Das beachten wir aber viel zuwenig.

Ich empfinde die meisten Menschen heutzutage als relativ kurzatmig. In früheren Jahrhunderten waren die Paare langatmiger und haben die Bewegungen innerhalb einer Beziehung – voneinander weg, zueinander hin – länger durchgehalten. Da ist die Geschichte des Gottesvolkes ein Extrembeispiel; sie geht über zweitausend Jahre.

Aber wir geraten heutzutage viel zu leicht in die Panik, eine Paarbeziehung würde «nicht funktionieren». Wir gucken uns ein paar Bedingungen an, und dann sagen wir: Nö, Quatsch, was soll das, und dann auch noch Kinder dazwischen?! Ich hingegen bin eher bereit, mir anzusehen, wie die Ehe bisher in ihren Schwingungen verlaufen ist, und mich zu fragen, wie sieht das aus, wenn wir uns das fortgesetzt denken – anstatt den Ausschlag einer Fieberkurve für das Ganze zu halten.

Andererseits bin ich sehr wohl für räumliche Trennung zu haben, weil Paare, die Abstand voneinander haben, viel besser gucken können, was sie auch – positiv – voneinander haben. Während in der Nähe ja nur das Generve gesehen wird.

Aber es kann bestimmt Situationen geben, wo der bekannte Satz sich umdreht: Was der Mensch zusammengefügt hat, kann Gott scheiden … Das können wir ja nicht mehr beurteilen. Es kann ja sein, daß es im Zuge der Treue zu sich selbst und zu Gott einen Sinn ergibt, daß zwei nicht zusammenleben, weil sie sich gegenseitig als Personen voneinander entfernen. Besonders früher haben Frauen beispielsweise in einer Ehe recht oft ihr Person-Sein verloren. Dann ist das von Anfang an die falsche Beziehung gewesen.

Gibt es denn auch eine theologische Begründung für eine Scheidung, die ja insbesondere die Katholiken lange verweigert haben?

Nehmen wir doch einfach mal das entsprechende Gebot: «Du sollst nicht ehebrechen.» Dieses Gebot hat ja bestimmte Voraussetzungen. Es geht davon aus, daß zwei zusammen sind, die sich als Individuum stimmig und in sich einigermaßen klar begegnen. Sonst kann man nicht von einem Ehebund reden, wenn es nicht zwei Partner sind. Auch die Bünde zwischen Gott und dem Volk Israel waren immer klare Partnerschaften. Wenn auch nur auf einer Seite etwas unklar war, klappte die Partnerschaft nicht.

Wenn sich nun zeigt, daß die beiden Gottesgeschöpfe, die da miteinander zusammenhängen, ihre Geschöpflichkeit verlieren, dann ist die eheliche Beziehung tödlich. Das Gebot kann also, theologisch betrachtet, auch seinen Sinn darin haben, daß zwei sich trennen, weil die Voraussetzungen nicht gegeben sind.

In einigen Magazinen fand ich die schöne – und wahrscheinlich bewußt falsche – Bibelauslegung: «Du sollst nicht begehren deines Nächsten Weib» hieße: Untreue ist okay, solange man nicht die Partnerin des besten Freundes nimmt. Ist das so gemeint?

Nein, natürlich nicht. Das zehnte Gebot lautet: «Du sollst nicht begehren deines Nächsten Weib, Knecht, Vieh, noch alles, was sein ist.» Es geht also um Besitz, zu dem damals die Frau noch dazugezählt wurde.

Der «Nächste» ist stets der andere Mensch, egal, wie nah oder fern. Begehren heißt soviel wie besitzen wollen.

Nach heutiger Vorstellung wehrt dieses Gebot zwei falsche Verhaltensweisen ab: Überhaupt einen Menschen besitzen zu wollen – und in fremde Beziehungen einzudringen.

Kann ich denn eigentlich – zumindest als Katholik – einen Ehebruch einfach beichten, und wird mir dann der vergeben?

Zuerst einmal gibt es auch auf der evangelischen Seite die Beichte, sie ist nur ganz unüblich. Sie wird in viele Abendmahlsgottesdienste eingeschlossen, indem die Gemeinde kollektiv ihre Sünde ausspricht und der Pastor kollektiv für alle die Vergebung ausspricht.

Das ist ein reines Ritual, kann aber auch individuell verabredet werden. Es gibt bloß keinen Beichtstuhl und keine Beichtgewohnheit.

Wenn aber jemand wirklich sagen kann: Ich habe es falsch gemacht, ich sehe es ein, dann sagt der Pastor: «Ich spreche dich im Namen Gottes los und ledig von deinen Sünden.»

Garantiert mir das eine Beichte? Oder kann ein Pastor auch die Vergebung verweigern, wenn er das Gefühl hat, nur hohle Phrasen zu hören und keine wahre Reue? Insbesondere bei «Wiederholungstätern»?

Ich würde immer darauf achten, ob der Beichtende einen inneren Prozeß durchläuft, und dann erst entscheiden.

Hingehen und aufsagen reicht also nicht?

Nein, das würde ich nie zulassen. Ich schlage dann noch einen Gesprächstermin vor.

Und wie sieht es mit der Vergebung zwischen den Partnern aus?

Wenn ein Paar einen Seitensprung durcharbeitet – was ist dein Anteil, was ist mein Anteil? – und sich jeder wieder genügend inneren Schutz aufgebaut hat, um einzugestehen, was falsch war, dann ist denkbar, daß einer sagt: Ich habe es erfaßt, und jetzt kann ich dich um Vergebung bitten. Und dann ist es auch glaubhaft. Und es ist auch möglich, daß die Vergebung zugesprochen wird. Dann ist auch der Seitensprung nicht mehr von Bedeutung für die Beziehung. Das ist aber leider sehr ungewöhnlich.

Das ist auch schwer. Was gehört denn zu so einer – konstruktiven – Aussprache?

Daß die Partner alles offenlegen, alles Ungesagte sagen, sei es zum Beispiel, du bist nicht mehr attraktiv für mich, aber ich traue mich sonst nicht, dir damit gegenüberzutreten. Das spürt der andere aber. Oder ich fühle mich von dir enttäuscht. Oder es war eine Trotzreaktion. Die Bedeutungsgeschichte muß greifbar werden.

Es gibt zweifelsohne subjektive Gründe für Seitensprünge. Andererseits gilt Ehebruch als Sünde. Eine Diskrepanz?

Ich finde, es muß Verläßlichkeit in Beziehungen geben, in der Erwachsenenphase als Fortsetzung der Kindheit. Stellen wir uns mal vor, Eltern würden sagen: Ach, ich hab jetzt grad keine Lust mehr, dein Vater zu sein, ich such mir ein anderes Kind. Da merken wir, wie grotesk das ist.

Dasselbe gilt auch unter Erwachsenen.

In der Beziehung zwischen Gott und den Menschen bildet sich

eine Verläßlichkeit ab, die kaum nachvollziehbar ist. Gott ist sogar für den Menschen da, der gar nichts von ihm weiß.

So eine Verläßlichkeit verdienen wir auch als Menschen. Sowohl sie zu erfahren, als auch sie zu erbringen. In dem Maße, in dem ich mir meiner selbst gewiß bin, ist es möglich, sie zu erbringen.

Wenn die Kirche sagt: Die Ehe muß halten, dann redet sie als moralische Instanz. Das ist nicht mein Anliegen. Ich möchte deutlich machen, daß eine große Chance in der Verläßlichkeit einer langen Beziehung liegt – und es kann auch eine große Erfüllung und Reife für beide Beteiligten darin stecken!

Was kann mir denn das bieten? Wir sind in der heutigen Gesellschaft auf schnelle Wunsch- und Triebbefriedigung gepolt: die Wäsche noch weißer, Sex allerorten und recht preisgünstig zu haben. Warum soll ich mich diesen Mühen unterziehen?

Für die genannte Form der Befriedigung brauche ich keine Menschen mehr, sondern nur Objekte. Uns geht es um Menschen, die wir als Ebenbilder Gottes ansehen, nicht um Wegwerfobjekte. Das können wir zum Beispiel durch diese Verläßlichkeit zu spüren bekommen und erfahren.

14. «Oralsex ist doch nur erweiterte Selbstbefriedigung»
Ein Homosexueller über Untreue

In der homosexuellen Szene herrscht – insbesondere unter Männern – ein ganz anderes, viel lässigeres Verhältnis zur sexuellen Untreue. Wir wollten wissen, warum – und ob das wirklich stimmt.

Aus verständlichen Gründen bat unser Gesprächspartner darum, anonym zu bleiben.

Schwule Männer treiben's überall und mit jedem, richtig?

Nein, natürlich nicht. Viele von uns leben in ganz festen Partnerschaften und sind weitestgehend treu.

Weitestgehend? Treu oder nicht treu, das ist hier die Frage!

Dann eben ‹nicht treu›. Aber wir sehen und werten das anders.

Wie?

Es gibt Paare, die leben ewig lange monogam. Oft sogar in einer Wohnung. Das ist bei Schwulen anders als bei Heten, wir ziehen nicht so schnell zusammen ...

Heten? Was sind Heten?

Heteros. Und Schwule sind Schwestern. Kommt aus Amerika. Schwarze untereinander sind brothers, also Brüder, und die Schwulen sind Schwestern.

Und schwule Schwarze?

Weiß ich auch nicht.

Okay. Aber wir dachten wirklich, ihr rammelt alle kreuz und quer, so wie in einem Ralf-König-Comic.

Solche gibt's natürlich auch, ich zieh mir auch manchmal 'n Fummel an und geh auf eine Drag-Party ...

Fummel? Drag-Party?

Ein Kleid. Eine Party, auf der Männer angezogen sind wie Frauen. Kann ich weitererzählen?

Ja, bitte.

Und was dann auf solchen Feten abgeht oder in den Saunen, den Darkrooms ... Na ja, da läuft schon viel.

Darkrooms?

In Schwulenkneipen gibt's oft ein Hinterzimmer, da ist's so dunkel, daß man gerade noch erkennen kann, ob noch jemand da ist. Und alle sind nackt.

Und da gehst du hin?

Klar. Warum nicht? Vor allem, wenn ich auf Reisen bin. Es gibt einen internationalen Führer, «Spartakus», da stehen alle Schwulentreffs drin. Die Ecke im Park in Bargteheide, in der die drei Schwestern dort rumknutschen, und der riesige Swinger-Club in New York.

Aha. Und was macht ihr dann da so, im Darkroom?

Ich habe mir ein paarmal einen blasen lassen. Das ist ja keine Untreue. Bei uns ist Oralsex ja viel verbreiteter als bei euch Heten. Ihr wollt immer gleich penetrieren.

Moment, Oralsex ist keine Untreue?

Nein, für die meisten Schwulen ist das nur erweiterte Selbstbefriedigung. Was anderes ist es, wenn ich in die Sauna gehe. In 'ner schwulen Sauna gibt's abschließbare Ruheräume, da kannst du ihn dir gleich reinstecken lassen. Das ist dann Untreue. Es sei denn, dein fester Freund ist gerade weg.

Was hat denn das damit zu tun?

Also, für mich macht es einen großen Unterschied, wann und wo und warum jemand was tut. Wir Schwulen, das hatte ich ja schon gesagt, ziehen nicht so schnell und nicht so oft zusammen wie ihr. Also sind mehr Gelegenheiten zur «Untreue» da.

Außerdem sind viele Schwule in der Medienbranche oder so und reisen viel. Wenn ich nun in einer anderen Stadt bin, oder mein Freund ist in einer anderen Stadt, dann können wir ja nicht miteinander schlafen. Dann hat Sex mit einem anderen einen ganz anderen, viel geringeren Stellenwert.

Ist es eigentlich immer Safer Sex?

Klar, ich kann doch nicht erwarten, daß mir einer sagt: Du, ich bin positiv. Darauf muß mein Partner sich verlassen können, absolut. Und mein Leben hängt auch davon ab.

Und wenn das Gummi reißt?

Dann komme ich nach Hause und sage: Du, wir haben da ein Problem ...

Wird dein Freund dich dann verlassen?

Beim erstenmal bestimmt nicht. Sex ist einfach ganz grundsätzlich in der Schwulenszene ein viel größeres Thema, wird offener behandelt. Wenn ich drei Jahre mit jemand zusammen bin, will ich auch mal wieder jemand anders spüren, das ist doch ganz normal. Und sei es nur, um zu wissen, wie gut ich es zu Hause habe. Das können andere auch nachvollziehen.

Wie kommt das? Denken Schwule anders?

Nein, aber es gibt keine – oder nur sehr wenige – Traditionen. Kaum Vorgaben. Wir sind anders sozialisiert, mußten unsere Strukturen selbst entwickeln. Deswegen sind sie viel moderner und zeitgemäßer, denke ich.

Ist das bei Lesben ähnlich?

Nein. Vollkommen anders. Schwule lieben wie Jungs, Lesben wie Mädchen. Untreue kommt da viel seltener vor als bei uns. Die Szenen überschneiden sich auch kaum.

Diese Ralf-König-Typen gibt's also in Wirklichkeit echt nicht?

Doch, natürlich. Aber er überspitzt es eben. Niemand ist den ganzen Tag so. Die Szenerie stimmt schon. Und solche Typen wie «Konrad und Paul», das kommt öfter vor: Einer entdeckt nach ein paar Jahren guter Beziehung, daß er auf Leder steht. Der andere nicht. Soll man sich deswegen trennen? Oder nimmt man in Kauf, daß der andere einmal im Monat 'ne Nacht weg ist? Ich finde das vernünftiger.

Überhaupt soll ja schwuler Sex so toll sein …

Gibt ja auch viele, die's mal ausprobieren wollen. Gerade in noblen Fitneßcentern wirst du auch von Typen angemacht, die ihre Freundin dabeihaben. Und wenn die später beim Aerobic ist, geht's ab …

Ich könnte mir auch einfach nicht vorstellen, so lange rumzutüdeln wie die Heten. Vorspiel, dann kommst du, und sie is' noch immer nicht soweit … Nee, für mich wäre das nichts. Und dieses Getue um den simultanen Orgasmus. Mann, wir haben eigentlich immer 'nen simultanen Orgasmus!

15. «Sexuelle Untreue sprengt die Grenzen einer Liebesbeziehung»
Oskar Holzberg, Dipl.-Psychologe und Psychotherapeut

Man muß nur lange genug an einem Problem – also beispielsweise einem Seitensprung – herumanalysieren, und schon vergeht einem die Lust daran. Das scheint manchmal der geheime Sinn aller Psychotherapie zu sein. Aber es gibt im Leben ja auch Zeiten, da ist einem gar nicht so zum Nachdenken zumute. Oder, schwieriger noch, man ist sehr wohl bereit zum Nachdenken, kommt aber kein Stück voran, sondern dreht sich bestenfalls im Kreis.

Wir wollten von dem Hamburger Therapeuten Oskar Holzberg wissen, wie man dann mit sich selbst zu Rande kommt, ohne gleich in der Klapsmühle zu landen.

Aus welchem Grund kommen Paare zu Ihnen in die Praxis? Weil einer untreu war? Angeblich ist das der häufigste Grund.

Kann ich aus meiner Erfahrung nicht bestätigen. Das kommt natürlich vor, weil es ein Punkt ist, an dem etwas sehr deutlich wird, oder wo ein Partner sagt: Ich mach das nicht mehr mit. Aber es ist nicht die Regel. Die Leute kommen, wenn mindestens ein Partner sich die Frage stellt: Will ich diese Beziehung auf diese Art und Weise noch weiterführen? Untreue kann ein Symptom dafür sein.

Wenn man sich nur genug Mühe gibt und genug Beziehungsarbeit leistet, kann man jedes Problem lösen und jede Beziehung retten. Stimmt das?

Ich finde das unehrlich. Es steht naürlich in vielen Ratgebern, sonst würden sie nicht geschrieben und nicht gekauft werden. Aber ich gehe nicht davon aus.

Je nach Kapazität der Partner, Probleme zu be- und verarbeiten, können viele Partnerschaften sicherlich gerettet werden. In jeder stabilen und guten Beziehung steckt viel Arbeit und heftige Selbstauseinandersetzung.

Da kann ja gerade das Reizvolle an einer Affäre sein: Man erspart sich die ganze Beziehungsarbeit und den ganzen Alltagsärger. Man geht essen, geht miteinander ins Bett, fertig.

Ja. Klar. Aber das ist ja oft nur eine schöne Wunschvorstellung.

Zum einen kann es sein, daß der Seitensprung die unbewußte Formulierung eines Konfliktes ist, der auf eine andere Art nicht angesprochen werden kann. Oder der noch gar nicht deutlich ist.

Es ist möglich, daß ein Seitensprung eine entlastende Funktion hat. Weil die Luft in der Beziehung schon so dünn ist, daß ein Partner ausweicht, um sich selbst sozusagen was Gutes zu tun. Weist natürlich auch zurück auf die Beziehung, ist aber möglicherweise in bestimmten Situationen ein Weg – ein nicht ganz unkomplizierter Weg –, damit umzugehen. Man muß ja ohnehin unterscheiden zwischen Bindung und Liebe …

Was unterscheidet denn Bindung und Liebe?

Die Beziehungen in unserer Kultur beginnen ja mit diesem romantischen Ideal und bauen auf Liebesgefühlen auf. Gleichzeitig binden wir uns aneinander. Man könnte theoretisch ja auch sagen: Klasse, ganz toll, jeder macht, was er will, und wir treffen uns dann ganz locker, um unsere Liebe zu feiern – aber wir haben eindeutig die Tendenz, eine Bindung daraus zu machen.

Und im Laufe der Zeit verändern sich durch das Zusammenleben, durch Abnutzungserscheinungen des Alltags, durch Konflikte, durch Kinder, durch sich ändernde Lebensumstände auch die ursprünglichen Liebesgefühle. Aber weil man ja andererseits vieles durchsteht und weil man aufgrund einer bewußten Entscheidung zusammenlebt, entsteht auch etwas anderes, eine Bindung. Man hat das Gefühl: Das ist meine Familie, das ist mein Partner, da gehöre ich hin, das ist mein Platz. Das ist nicht unbedingt identisch damit, wie offen man gefühlsmäßig gegenüber dem Partner noch ist.

Die Bindung kann sich durchaus noch intensivieren, während die romantischen Liebesgefühle bereits abnehmen. Denn die halten wohl im Höchstfall zwei bis zweieinhalb Jahre.

Ideal wäre, wenn Bindungs- und Liebesgefühle einander entsprechen. Aber meistens ist man sehr gebunden und fängt gleichzeitig an, sich zu langweilen, weil der Partner nicht mehr so aufregend für einen ist. Dann sucht man den Kick.

Und da wir sowieso in einer Gesellschaftsstruktur leben, in der wir dazu angehalten werden, unsere Bedürfnisse schnell umzusetzen, holt man sich den Kick dann auch.

Warum nicht Trennung und Neuanfang?

Man will einerseits die Bindung nicht aufgeben, weil man damit etwas hat, was in dieser Zeit auch nicht mehr leicht zu finden ist, und andererseits möchte man auch, daß die Hormone wieder ordentlich fließen und man diesen Superzustand von Verliebtsein und Erregung findet.

Reagieren Männer und Frauen an dieser Stelle unterschiedlich?

Das gleicht sich tendenziell an. Männer können sich von ihren Gefühlen stärker distanzieren, so daß es ihnen ein wenig leichter fällt, untreu zu werden und auf diese Weise ihre widerstreitenden Wünsche unter einen Hut zu bringen. Frauen sind sich meiner Einschätzung nach etwas eher über die Bedeutung eines Seitensprungs klar.

Seitensprünge sind also erklärbar und beinahe ‹nützlich›, denn alternativ könnte man sich die Empfindung ja nur verbieten – und das hilft ja auch keinem weiter. Oder?

Das sehe ich nicht so. Wir haben immer einen Entscheidungsspielraum und müssen unsere Entscheidung fällen. Es gibt immer Trends und Lehrmeinungen, hinter denen wir uns gerne verstecken. Nachdem wir in den Sechzigern versucht haben, die freie Liebe umzusetzen, mußten wir erkennen: Es gibt auch Grenzen. Wir können nicht einfach sagen: Ich finde die blonde Frau gut und die Rothaarige auch, und warum kriegen wir das nicht irgendwie hin? Das kriegen wir eben nicht hin. Heute nun ist der Trend, es so hinzustellen, daß an allem nur die Gene schuld sind; das ist wieder ein Rückschritt.

Wir brauchen uns dann keine Gedanken mehr über unsere Entscheidungen zu machen, und zu welchem Verhalten wir stehen wollen und können. Es sind ja die Gene, wir können nicht anders. Nein, so einfach können wir es uns nicht machen. Das Problem ist da. Und die Wahrheit liegt sicher irgendwo dazwischen. Otto Kernberg, ein bedeutender Analytiker, wurde einmal gefragt, ob der Mensch nun polygam oder monogam sei. Und Kernberg antwortete sinngemäß: «Tja, wohl schon beides, aber mit einer Tendenz zur Monogamie.»

Dieser Konflikt besteht immer, das ist ganz klar, weil eben die Möglichkeit zur Untreue besteht. Und zudem lebt jede Beziehung immer auch ein Stück aus dem Spannungsfeld, ob sie weitergeht, ob sie erhalten bleibt.

Was macht Untreue eigentlich aus?

Es geht immer um einen Vertrauensbruch, einen Bindungsbruch. Das taucht in Freundschaften auf, wenn einer sich verraten oder belogen fühlt, aber besonders in Liebesbeziehungen.

Und warum haben wir solche Probleme gerade mit sexueller Untreue?

Sie steht mit Sicherheit im Schnittpunkt. Sexuelle Untreue ist eine Grenzüberschreitung. Es muß ja eine Grenze für die Wahrung der Beziehung geben. Eine Grenze, aber auch einen Spielraum. Wir sind keine aneinandergewachsenen siamesischen Zwillinge und machen nicht alles zusammen. Aber es gibt eben auch eine Grenze, wo unsere Bindung bedroht ist. Die ist im Grunde definiert über Vertrauen generell, also nicht angelogen zu werden, und speziell für die Partnerschaft durch sexuelle Monogamie.

Warum ist diese Grenze denn ausgerechnet sexuell?

Die Verhaltensbiologen sind ja der Meinung, daß über Sexualität die affektive Bindung aufrechterhalten wird, daß Orgasmus und Lustgewinn eine stark bindende Komponente haben. Wenn dieser Reiz woanders angesprochen wird, ist die Bindung natürlich bedroht.

Und wenn Sexualität nicht reduziert ist auf Sex, sondern ein emotional tiefgehender Prozeß ist, entsteht eine intime Situation, in der größtmögliche Nähe erreichbar ist. Im Alltag bleibt man meist den Rollenklischees verhaftet; wenn man seine Klamotten und Rollen ablegt, sich auch animalischer und triebgesteuert verhält, begegnet man sich viel offener und direkter. Das ist kostbar und besonders.

Insbesondere Männer sagen oft: Es war nur Sex.

Das kann natürlich sein. Eine Grenze bezieht sich ja immer darauf, was passieren kann, nicht darauf, was tatsächlich passiert. Deshalb bleibt die Bedrohung trotzdem erhalten.

Außerdem wird ein Mann, der bei einer Affäre nicht so viel empfindet, möglicherweise zu Hause auch «nur Sex» haben. Und dann hat die betrogene Partnerin keinerlei verbindende Sicherheit.

Kann es denn tatsächlich ‹nur Sex› sein? Oder liegt immer eine therapierbare Ebene dahinter?

Nein, vielleicht wenn man angetrunken ist und nur einen netten Abend haben will, kann es tatsächlich auch mal nur Sex sein. Es ist trotzdem verletzend für den anderen. Und es kann natürlich dennoch ein Anlaß sein, hinzuschauen, ob in der eigenen Beziehung etwas nicht stimmt. Ganz ohne Verletzungen geht so was jedenfalls nicht über die Bühne. Denn das Vertrauen ist ja gebrochen. Und das ist das Entscheidende.

Deuten Seitensprünge also immer darauf hin, daß mit der eigenen Beziehung etwas nicht in Ordnung ist?

Man soll niemals nie sagen und niemals immer. Aber auf alle Fälle sind sie ein guter Anlaß, genauer hinzuschauen.

Viele Therapeuten und Ratgeberautoren behaupten ja, Unehrlichkeit – also auch ein verschwiegener Seitensprung – führt immer und zwangsläufig zum Scheitern einer Beziehung. Ist das auch Ihre Erfahrung?

Das ist mir zu heilig. Aber es macht es in jedem Fall schwerer, eine Beziehung zu leben. Man muß vor allem gucken, wie gut man selber damit leben kann. Die meisten schauen nur auf den Partner: Der flippt aus, also sage ich lieber nichts. Aber: Wenn er ausflippt, was ist daran so schlimm? Das wäre ja interessant, da liegt ja vielleicht eine Angst, und das zu klären wäre fruchtbar.

Ich finde es wichtig, daß jeder in so einer Situation auf sich selbst guckt. Und versucht herauszubekommen, was in ihm passiert.

Es gibt Leute, die können einen Seitensprung relativ gut für sich behalten. Das belastet sie nicht so. Eine kleine Belastung wird immer bleiben, aber damit können sie umgehen, es gut verdrängen.

Für andere Menschen ist es ungemein belastend, die tun sich absolut keinen Gefallen – auch wenn sie denken, daß ‹eigentlich nichts war› und das Geständnis ihre ganze Beziehung bedrohen könnte. Die belastet es selber so sehr, daß ihr Geheimnis auf Dauer sie und die Beziehung zerrüttet. Sie verlieren ihre Offenheit gegenüber der Partnerschaft und dem Partner, entwerten sich selbst, werden psychosomatisch krank.

Ich sollte mir immer klar darüber sein, ob die Bahn zwischen mir und meinem Partner noch offen ist oder ob irgend etwas sie blokkiert.

Also muß man gar nicht immer ‹beichten›?

Etwas zurückzuhalten ist immer eine Anstrengung, und sei sie auch minimal. Wenn es möglich ist, sollte man also offen sein. Aber es könnte auch Situationen geben, in denen es wirklich keine große Rolle spielt. Eine Gesetzmäßigkeit aber gibt es nicht. Ehrlichkeit kann auch sehr verletzen.

Wenn jemand zu Ihnen in die Therapie kommt und fragt, ob er oder sie eine Affäre beginnen soll – was raten Sie?

Ratschläge zu geben wäre anmaßend von mir. Dazu müßte ich ja wissen, was für denjenigen gut ist, und das weiß ich nicht. Außerdem würde das eine Abhängigkeit fördern, die derjenige vermutlich auflösen will, deshalb ist er zu mir gekommen. Aber ich würde sicher darauf einsteigen und fragen: Was heißt denn das? Wo stehst du, was treibt dich dahin, was für Grenzen hast du, wie wirst du damit umgehen? Wichtig finde ich, in diesen Konflikt hineinzugehen. Ob ihn jemand dann wirklich auslebt, muß jeder selbst entscheiden.

Problematisch wäre es, wenn Gefühle, die durch den therapeutischen Prozeß ausgelöst sind, auf diese Art ausagiert würden. Wenn ich dieses Gefühl hätte, würde ich es sagen.

Wenn nun jemand überlegt, eine Affäre anzufangen – wie wird er oder sie sich dann klar über das weitere Vorgehen? Man kann ja nicht zu jedem Lebensproblem eine Therapie anfangen.

Reden wir jetzt über vorher oder über nachher?

Über vorher. Über die Frage: Soll ich – oder soll ich nicht?

Noch eine Unterscheidung: Bahnt es sich langsam an – oder geschieht es relativ schnell?

Machen wir mal eine Dreiteilung: Man kann es sich grundsätzlich und ohne akuten Anlaß überlegen; man kann schon verliebt sein und fragt sich, ob man tatsächlich untreu wird oder nicht; oder der One-night-Stand ist schon vorbei – und was nun?

Na ja, zulassen muß man die Gedanken in jedem Fall, dagegen kann man ja auch nicht viel machen. Man kann es nicht verbannen. Meist haben wir ja dann keine einzelne innere Stimme in uns, wenn wir die nur zu hören bekämen, wüßten wir, wie wir uns entscheiden sollten. Sondern in uns ertönt ein Chor verschiedenster Meinungen.

Zu glauben, daß wir nur auf unsere Gefühle achten müssen, in uns reinhorchen und dann wissen, was wahr und richtig ist, das ist naiv.

Es ist gut, unsere Gefühle zu kennen, um nicht dauernd gegen sie anzugehen und um uns selbst besser zu verstehen. Aber sie sagen uns nicht, was wahr und eben richtig ist. Wenn es eine Wahrheit gibt, die in uns schlummert, dann nicht im Gefühlsbereich. Auch im Spirituellen gelten die Gefühle als das, was uns in die Irre leitet.

Für solche Entscheidungen ist man auf alle seine psychischen, geistigen, emotionalen und willensmäßigen Möglichkeiten angewiesen und wird sich entscheiden müssen. Darüber reden kann helfen und ist sicher meistens besser, als nicht zu reden. Zu reden hilft, die eigene Position zu finden. Wenn die Zeit dafür da ist.

Ich unterliege dennoch dem Risiko, mich falsch zu entscheiden. Entweder lasse ich mich auf eine Affäre ein, was einen hohen Preis fordern kann, oder ich ‹verpasse› eine Gelegenheit.

Es erscheint einem vielleicht falsch. Es gibt kein Falsch oder Richtig. Wenn wir aus diesem Falsch- und Richtig-Denken rauskommen, ist schon viel geschafft. Aber das ist schwer. Der ganze moralische Druck, der vor zwei oder drei Generationen noch auf den Leuten gelastet hat – so unangenehm und belastend der auch war –, hat doch auch geordnet und Strukturen vorgegeben. Weil er vermittelte, was «falsch» und was «richtig» ist. Heute stehen wir ohne diesen Druck da. Und müssen uns aus uns heraus entscheiden.

Es geht sicher nicht darum, das «richtige Leben» zu leben. Statt dessen vielleicht: Welche Richtung gebe ich meinem Leben möglicherweise durch meine Entscheidung? Ich formuliere das jetzt bewußt vorsichtig.

An so etwas wie «Schuld» glaubt ja auch keiner mehr. Bei Scheidungen ist das sogar juristisch bereits abgeschafft. Wir haben aber immer noch ein schlechtes Gewissen und würden die Verantwortung gerne abwälzen. Deswegen wollen wir gern wissen, was eigentlich richtig ist, als Entlastung, aber das geht eben nicht.

Vor und während eines Seitensprunges muß man sich entscheiden, wie man mit seinem Leben umgeht, auch wenn man nicht weiß, was dabei rauskommt. Aber klar ist: Man kann die Richtung durchaus bestimmen.

Aber kann das Leben nicht einfach auch unreflektiert eine Weile vor sich hin fließen?

Klar, aber auch das ist eine Entscheidung. Möglicherweise ist es genau das, was unser Menschsein ausmacht – sich immer wieder entscheiden zu müssen, immer wieder Verantwortung zu übernehmen, ohne zu wissen, wohin uns das führt, und auch, wenn uns gar nicht danach ist. Wir haben die Möglichkeiten und müssen uns zu ihnen verhalten. So ist das nun mal. Das kann uns niemand abnehmen.

16. «Bordell ohne Zimmer?»
Roland Scheida, Inhaber einer Seitensprung-Agentur

Seitensprünge sind – Sie haben es im Verlauf dieses Buches sicher bemerkt – nur bedingt planbar. Da treffen Sie nun die Frau Ihrer feuchten Träume ausgerechnet am Abend Ihres Hochzeitstages, an dem sie nun wirklich ganz schlecht «Überstunden und dann noch lange Sport» vortäuschen können. Oder Ihr Liebhaber eröffnet Ihnen nach der zweiten oder dritten gemeinsamen Nacht, wie gern er doch Kinder hätte mit Ihnen (wobei er die zwei, die Sie zu Hause haben und deren Mutterbedarf Sie gerade entfliehen, geflissentlich vergessen hat).

Was also tun zur Risikobegrenzung und Einsatzminimierung? Denn wie wir alle wissen: Zeit ist Geld.

Roland Scheida und Andreas Jurgeleit führen von Hamburg aus die derzeit einzige bundesweite Seitensprung-Agentur, eine von insgesamt etwa 15 in Deutschland. Sie planen gerade Franchise-Ableger in anderen bundesdeutschen sowie österreichischen und schweizerischen Großstädten. Wir wollten von Roland Scheida wissen, was da so abgeht.

Eine Seitensprung-Agentur – das Geschäft mit der Unmoral?

Sehen wir nicht so. Erstens vermitteln wir nur Erwachsene an andere Erwachsene, alle sind freiwillig an uns herangetreten, niemand wird zu etwas gezwungen. Die Leute müssen sogar noch Aufnahme- und Vermittlungsgebühr bezahlen, Männer wie Frauen. Aber es stimmt natürlich: Wir richten und urteilen nicht darüber, was diese Leute in ihrer Freizeit tun. Untreu werden die Leute so oder so, wir sind nur ein Weg zu diesem Ziel.

Also ist die «Seitensprung-Agentur» im Grunde nur ein Bordell ohne Zimmer?

Oh, nein! Schließlich bekommen wir das Geld für die Vermittlung von potentiell passenden Partnern, d. h. für die Kontaktanbahnung. Keiner der Partner wird bezahlt, keiner der Partner hat finanzielle Interessen. Es gibt auch kein finanzielles Machtgefälle: Einer zahlt, dafür geht der/die andere mit ihm ins Bett – nicht bei uns! Es gibt auch kein emotionales Machtgefälle: Gegenseitige Sympathie ist Grundvoraussetzung, sonst läuft gar nichts.

Aber was macht denn für die Kunden den Unterschied aus? Zahlen müssen sie doch so oder so?

Nun, erstens einmal zahlen sie bei uns einmalig für die Vermittlung. Findet sich gleich beim ersten Treff jemand, mit dem sich eine länger andauernde Liebelei ergibt, ist das – für den Kunden – kostenlos.

Außerdem bleibt bei uns der Kitzel, ob es klappt oder nicht. Denn natürlich – auch das ist schon geschehen – kann es passieren, daß die Beteiligten einander ansehen und keinerlei Funken sprühen. Dann müssen sie weitersuchen.

Bei der Vermittlung über die Agentur stehen andererseits die Chancen gut, daß sich eine Partnerin oder ein Partner nicht nur mit ähnlichen sexuellen Wünschen finden läßt, sondern auch insgesamt mit passenden Interessen. Denn natürlich geht es in erster Linie um Sex, das ist ganz klar. Aber man will doch auch mal miteinander reden und ausgehen, oder nicht?

Wie läuft die Vermittlung ab?

Es gibt mehrere Möglichkeiten. Die Kunden können anrufen, und wir nehmen telefonisch ein Persönlichkeitsprofil auf, die Wünsche des Kunden oder der Kundin selbst und den gesuchten Partner betreffend.

Oder wir versenden einen ausführlichen Fragebogen.

Wobei wir beim Telefonkontakt eher die Möglichkeit haben, jemandem Hilfestellung zu geben. Die telefonische Aufnahme wird auch deshalb am häufigsten genutzt, weil man vollkommen anonym bleiben kann.

Ist die Anonymität gesichert?

Selbstverständlich. Das ist das A und O. Jeder kann bei uns anonym bleiben. Er oder sie bekommt ein Kürzel, das aus Geburtsdatum und einem Namen – z. B. dem Vornamen – besteht, wobei wir

174

diese Angaben nicht überprüfen, da wir sie ohnehin nur intern zur Vermittlung benötigen.

Wie erfolgt die Kontaktaufnahme?

Wenn wir glauben, einen potentiellen Partner oder eine Partnerin gefunden zu haben, rufen wir die beiden Beteiligten an und fragen, ob wir die Telefonnummern herausgeben dürfen. Das ist heutzutage, wo fast jeder ein Handy hat, nicht mehr so problematisch.

Aber: Niemand muß uns seine Telefonnummer geben. Wer mag, kann auch in regelmäßigen Abständen bei uns anrufen und nachfragen, ob sich schon was ergeben hat.

Nötigenfalls kann sogar die Verabredung eines Treffpunktes über die Agentur erfolgen. Ein absolutes Blind Date, aber mit hoher Treffergarantie!

Münchner Alternative

Rosalinde Gruber von der Münchner «Agentur für Seitensprünge» zum Thema Teilzeitliebhaber: «Ich glaube, daß aus fast allen Ehen nach vier bis fünf Jahren die Luft raus ist. Danach wird es einfach langweilig mit immer demselben Mann. Insofern frischt eine Affäre auch das eheliche Liebesleben auf, weil die Menschen wieder zufriedener sind. Für mich sind alle Frauen verrückt, die sich heutzutage noch mit einem Mann zufriedengeben.»

Kontakt: Tel. 089/8144043

Und wenn dann jemand plötzlich seiner eigenen Frau gegenübersitzt?

Dann sollten die beiden herzlich darüber lachen und am besten miteinander weitermachen – die Interessenlage stimmt ja offensichtlich überein!

Aber man kann nicht – wie bei Bewerbungen auf Chiffre-Anzeigen – Sperrvermerke angeben?

Nein, weil wir ja die Identität des vorgeschlagenen Partners nicht kennen.

Wie wird der Zahlungsverkehr abgewickelt?

Wir können von Eurocard/Mastercard abbuchen und vom Girokonto, wobei der Kunde sich die Angabe des Verwendungszwecks selbst aussuchen kann. Also z.B. «Tankstelle Wuppertal» statt «Seitensprung-Agentur».

Außerdem nehmen wir Bareinzahlungen auf unser Konto, der Kunde muß nur sein Pseudonym dazu angeben und den Einzahlungsbeleg wegwerfen. Oder man schickt Bargeld an unser Postfach, ebenfalls unter Angabe des Pseudonyms.

Aber bitte: Immer erst anrufen, alles absprechen und dann bezahlen, denn es kann ja auch sein, daß ein Pseudonym schon vergeben ist.

Die Abwicklung über Kreditkarte oder Konto ist natürlich nicht anonym.

Nein, aber das macht vielen nichts aus. Wir gehen schließlich auch sehr sorgsam mit unseren Informationen um, sonst wären wir ganz schnell wieder draußen aus dem Geschäft.

Was für Leute melden sich bei der Seitensprung-Agentur?

Wir haben derzeit (April '97) einen Stamm von rund 4000 Mitgliedern, davon sind rund 30 Prozent Frauen.

Frauen dürfen umsonst mitmachen?

Nein. Wir sind keine Diskothek, die balzende Kundschaft anlocken will. Wir fänden das auch diskriminierend. Wir bieten Männern wie Frauen den gleichen Service, also gelten auch die gleichen Preise für alle. Außerdem sichert der Beitrag auch das ernsthafte Interesse – wenn ich für etwas bezahlen muß, mache ich nur mit, wenn ich wirklich will. Wir haben also nicht haufenweise weibliche Karteileichen, die nur mal so aus Spaß angerufen haben oder gar ihre Freundin anmelden, um die zu foppen.

Kontaktnetz
Auch im Internet lassen sich eindeutige Kontakte knüpfen. Eine der effizientesten Kontaktbörsen findet sich im World Wide Web unter http://www.praline.de.

Und wen oder was suchen Ihre Kunden?

Die meisten suchen Abwechslung. Einfach mal was anderes. Der Großteil unserer Kunden stammt – soweit wir das aus den Telefongesprächen beurteilen können – aus der Mittelschicht, will seine Partnerschaft nicht gefährden. Sondern einfach mal wieder etwas Glanz und Prickeln in den Alltag holen.

Für Haus und Herd haben die meisten jemanden, obwohl wir natürlich auch Singles in unsere Kartei aufnehmen.

Liebe ausgeschlossen?

Natürlich nicht. Aber man kann ausdrücklich jemanden wünschen, der «gebunden» ist und daher – grundsätzlich jedenfalls – selbst kein Interesse an einer weitergehenden Liebesbeziehung hat.

Der großen Liebe kann man natürlich jederzeit und überall begegnen – beim Einkaufen, auf der Straße, bei einem Seitensprung. Das können selbst wir nicht ausschließen.

Werden bestimmte sexuelle Vorlieben gewünscht?

Es werden durchaus unterschiedliche Vorlieben angegeben. Harte Extreme allerdings nicht so oft. Die meisten schätzen sich als «lässig/leger» ein und wollen «ganz normalen Sex», weil sie den zu Hause – aus welchem Grund auch immer – nicht bekommen.

Selbst mal fremdgegangen?

Natürlich. Ich bin doch kein Heiliger. Aber ich halte das auch nicht für die Lösung aller Probleme. Sondern für ein ganz normales menschliches Verhalten. Zu allen Zeiten sind die Menschen schließlich fremdgegangen, Männer wie Frauen. Wir machen es ihnen eben bloß ein bißchen leichter. Andererseits kann sich bei uns auch keiner aus der Verantwortung stehlen: Ein über uns vermitteltes erotisches Abenteuer ist nicht «einfach so passiert», sondern von langer Hand und ganz bewußt geplant. Das ist allen Beteiligten klar, und sie wissen, worauf sie sich einlassen.

Wie steht es mit den Alibis?

Alibis vermitteln wir nicht, machen auch keine Vorschläge. Da wir aber viele Selbständige unter unseren Kunden haben, die ihre Zeit weitgehend frei einteilen können, ist das wohl kein großes Problem.

Und wer mit seiner neuen Verabredung ins Stammlokal geht … der hat wirklich selber schuld!

Die Kosten für eine Vermittlung sind je nach Seitensprung-Agentur sehr unterschiedlich, zudem ist das Preisgefüge – bedingt durch zahlreiche Neugründungen – in Bewegung. Die meisten Agenturen nehmen eine einmalige oder jährliche Aufnahme- bzw. Grundgebühr von etwa 50 bis 150 Mark, darüber hinaus kostet jede erfolgreiche Vermittlung (wobei erfolgreich nicht heißt: «ab in die Kiste», sondern: «das Treffen hat stattgefunden») zwischen 100 und 350 Mark.

17. «Risikofaktor Liebe»
Helga Neugebauer, Fachärztin für Innere Medizin, von der Aids-Hilfe Hamburg

Bis auf eine einzige Ausnahme gaben alle meine Interview-
partnerinnen an, sich bei sexuellen Kontakten außerhalb
ihrer festen Beziehung zu schützen» [61], ermittelte Ingrid
Füller bei ihren Recherchen zu «Eine Affäre in Ehren»; sie sprach
mit 25 Frauen.

Wir mußten leider die gegenteilige Erfahrung machen: Nur ein
einziger unserer Gesprächspartner – und noch dazu ein Mann –
bestand bei außerehelichen sexuellen Eskapaden auf Gummis; alle
übrigen murmelten etwas von:

- «Man kennt sich ja.»
- «Daran habe ich gar nicht gedacht.»
- «Das war unverantwortlich von mir, ich gebe es zu.»
- «Pilzinfektionen gehören einfach dazu, die kriegt man mit Salbe
  ja leicht wieder weg.»
- «Aids ist ja ohnehin eine Erfindung der Medien.»
- «Als Mann ist mein Ansteckungsrisiko doch sehr gering.»
- «Ansteckend ist vor allem Analverkehr, und ich praktiziere kei-
  nen.»
- «Bei einer Affäre geht man in der ersten Nacht viermal nachein-
  ander ins Bett, soviel Kondome kann ich ja gar nicht immer bei
  mir haben – also lasse ich's ganz.»
- «Man fühlt so wenig.»

Auch das ist natürlich – wie Ingrid Füllers Erfahrungen – keine re-
präsentative Aussage. Aber: Die Männer und Frauen, mit denen wir
sprachen, hatten ja bei ihren Seitensprüngen wiederum Partner, die
offenbar ebenfalls keinen großen Wert auf Kondomgebrauch leg-
ten. Und die ihrerseits vielleicht noch andere «Beziehungsbaustel-
len» unterhielten, simultan oder zuvor ...

Wie wichtig also ist das Kondom beim Seitensprung, was spricht
dafür und was dagegen? Wir fragten Helga Neugebauer, Fachärztin
für Innere Medizin und medizinische Ansprechpartnerin bei der

Aids-Hilfe Hamburg – nicht nur nach Aids, sondern nach medizinischen und soziokulturellen Aspekten der Untreue allgemein.

Theoretisch wissen wir alle: Kondome sind Pflicht. Aber zumindest unter Heterosexuellen scheint sich das gar nicht durchgesetzt zu haben. Ist das auch Ihre Erfahrung?

Schwule Männer gehen insgesamt ganz anders mit Sexualität um. Zu schwulen Beziehungen gehört die Untreue eines Partners im Grunde dazu, und das wissen sie auch voneinander. Ich weiß nicht, wie sie das verkraften und beziehungstechnisch verarbeiten, es ist aber viel klarer, daß Kondome benutzt werden, auch innerhalb einer langjährigen und festen Beziehung. Was ja in heterosexuellen Beziehungen ganz anders ist. In einer festen Partnerschaft benutzt man vielleicht am Anfang Kondome, aber nach einer Weile ... Wenn dann ein Mann zur Prostituierten geht oder es auf einer Geschäftsreise zum Seitensprung kommt und er/sie dann zu Hause sagt: Du, ich finde wir sollten mal wieder Kondome benutzen – dann ist ja ganz klar, um was es geht.

Schwule scheinen sich unseren Informationen nach auch fest darauf verlassen zu können, daß außerhalb der festen Beziehung immer Kondome benutzt werden, wenn das so vereinbart ist. Warum können Heteros das nicht?

Das Hauptargument ist dabei immer: Es fühlt sich so schrecklich an. Dabei kann man ganz eindeutig auch einen Lustgewinn mit Kondom haben. Das Kondom steht für etwas anderes.

Für was?

Es gibt Untersuchungen, daß Kondome mit Seitensprüngen oder Prostitutionsbesuch verbunden werden. Wir nennen das: «Risikofaktor Liebe». Denn wenn es auch nur so eine Art Beziehung gibt, und sei sie erst drei Tage alt, dann wird damit schon Kondomfreiheit verbunden! Das gilt sogar für Sextouristen. Die fahren z. T. immer im Juli nach Thailand zu immer der gleichen Frau. Diese Frau «lieben» sie. Zwischendurch schreiben sie ihr, schicken ab und zu Geld. Sex mit dieser Frau machen die ohne Kondom, denn das ist ja ihre Freundin. Daß diese Frau noch 95 andere Sextouristen kennengelernt haben könnte, scheint sie nicht zu interessieren.

Und diese Männer haben durchaus noch Nebenbeziehungen, gehen mal in 'ne Bar und lernen jemanden kennen, und dann benutzen

Was ist Aids?

Aids steht für *Aquired immune deficiency syndrome* = erworbenes Immundefekt-Syndrom. Ausgelöst wird Aids durch das «humane Immuninsuffizienz-Virus», kurz HIV oder HI-Virus. Aids wurde 1981 erstmals beschrieben und bedeutet, daß wegen der Immunschwäche Erreger, die sonst harmlos sein können, die Gelegenheit nutzen, den Organismus zu schädigen – und sogenannte «opportunistische Infektionen» herbeiführen. Das können schwere Lungenentzündungen oder Toxoplasmose sein.

- Infektionswege: Austausch von Körperflüssigkeiten wie Blut, Sperma, Vaginalflüssigkeit. Blut- und Plasmakonserven werden auf HIV/Aids getestet.
- Ansteckungsschutz: Kondome, unbenutzte Einwegspritzen für Drogenabhängige.
- Übliche Sozialkontakte wie Händeschütteln, Umarmen und auch Küssen bergen kein Risiko; auch Mückenstiche und Insektenbisse sind nicht ansteckend.

sie durchaus häufiger Kondome. Liebe gleich Treue gleich kein Kondom – daran glauben wir scheinbar.

Ist das bei schwulen Männern anders?

Grundsätzlich schon. Zum einen durch Aids, obwohl ja nicht alle Schwulen Aids haben. Es gibt schwule Männer, die werden nie im Leben Aids kriegen. Aber Sexualität ist in dieser Szene eben ein ganz anderes Thema. Daß, wenn man zwei Jahre mit jemandem zusammenlebt, auch noch andere Lustgefühle aufkommen, ist viel akzeptierter. Das ist im heterosexuellen Bereich tabu.

Durchmischen sich eigentlich die Szenen? Gibt es wirklich Bisexuelle? Oder sind die nur eine Erfindung der Boulevardpresse?

Es gibt da unterschiedliche Beurteilungen. Daß Männer je nach Lebenssituation mal mit einer Frau und mal mit einem Mann sexuelle Kontakte haben. Oder es sind schwule Männer, die nicht wissen, daß sie schwul sind, oder es nicht zulassen, schwul zu leben, z. B. weil sie verheiratet sind. Jedenfalls erzählen diese Männer ihren Frauen fast nie, daß sie sexuellen Kontakt mit einem Mann haben, das wäre ja eine Katastrophe für ihre feste Beziehung. Also könnten diese Männer nach ungeschütztem Verkehr mit einem anderen Mann ihre Ehefrau anstecken, nur weil sie ihr Geheimnis wahren wollen.

Aids-Hilfe

Das Beratungstelefon der Aids-Hilfe hat die bundesweit einheitliche Telefonnummer 1 9411. Anrufe sind auf Wunsch anonym und – bis auf die Gebühreneinheiten – kostenlos.

Also immer Gummis?

Ja, auch um sich vor «harmloseren» sexuell übertragbaren Krankheiten zu schützen. Ein Beispiel: Der Ehemann holt sich Gonorrhö, Syphilis oder Tripper und steckt seine Frau an, die sich dann wundert, was für körperliche Beschwerden sie plötzlich hat. Immerhin sind das ja auch Krankheiten, sehr unangenehme, auch wenn sie heilbar sind.

Ich möchte hier aber einem Mißverständnis vorbeugen: Die Prostituierten holen sich diese Krankheiten natürlich auch von den Freiern!

Das Eigenartige im Prostitutionsbereich: Die Prostituierten wollen Kondome, sie bekommen aber mehr Geld, wenn sie ihre Dienste ohne Kondom anbieten. Sie sagen den Freiern manchmal, sie seien HIV-positiv, auch wenn das gar nicht stimmt, damit die Männer ein Kondom benutzen. Und die Männer sagen: Krieg ich nich'! Das ist offenbar auch so ein Nervenkitzel, die finden das besonders prickelnd.

Und was machen die Männer dann? Was wollen die?

Es gibt ja drei große Gruppen unter den Prostituierten. Die Profis, die Drogenabhängigen und die Frauen aus Osteuropa. Die letzten beiden Gruppen brauchen sehr schnell möglichst viel Geld. Wenn sie jetzt «ohne Gummi» das Doppelte oder Dreifache von einem Freier angeboten bekommen, haben sie es schwer, zu sagen: «Ohne Kondom kannst du draußen bleiben.»

Wie sicher ist man denn vor Aids, wenn man den Partner oder die Partnerin für den Seitensprung kennt? Zumal Männer immer wieder sagen: Ich als Mann habe ja sowieso ein ganz geringes Risiko, mich anzustecken.

Man sieht es keinem Menschen an, ob er oder sie HIV-positiv ist!

Ich bekomme hier sehr viel schlechtes Gewissen mit. Da rufen Leute an und fragen ganz präzise und ausgefeilt, bei welchen sexuellen Praktiken welches Risiko besteht. Meist geht es dann darum, daß sie keinen Safer Sex hatten, es ihrer Frau nicht erzählen wollen – aber ein schlechtes Gewissen haben. Seitensprünge ohne Kondom – das kommt oft vor.

Was für sexuelle Praktiken sind denn das?

Oft geht es um Oralverkehr. Männer gehen ja oft zu Prostituierten, weil sie dort Sex kriegen, der zu Hause nicht stattfindet. Oralverkehr ist zu Hause nicht so angesagt.

Wie viele Männer gehen eigentlich zu Prostituierten? Denn zugeben tut es ja kaum einer, nicht mal unter Freunden.

Das stimmt. Aber es gibt z. B. allein in Hamburg sechs- bis zehntausend Prostituierte. Selbst wenn die nur drei Freier pro Tag hätten, und das sind sehr wenige, dann wären das auch schon achtzehntausend. Täglich!

Und es sind ja nicht jeden Tag dieselben drei …

Genau.

Aids ist ja aus den Schlagzeilen verschwunden. Allerhöchstens liest man noch mal: ‹Aids gibt es gar nicht; das haben die Pharma-Konzerne erfunden, um ihre teuren Medikamente zu verkaufen.› Gibt es Aids immer noch?

Ja. Gibt es, leider.

Was unterscheidet Aids von HIV?

HIV ist das Virus. Es ist ein sehr schwer übertragbares Virus, weshalb die befürchtete Epidemie ausgeblieben ist, aber es gibt auch immer noch kein Heilmittel dagegen.

Wer HIV-positiv ist, was etwa drei Monate nach einer Infektion nachweisbar ist, hat deshalb noch kein Aids. HIV-positiv ist man dann lebenslang.

Aids ist die Bezeichnung für die Immunschwäche, bei der es zu verschiedenen Krankheiten – Lungenentzündungen, Kaposi-Sarkom (eine Tumor-Art) u. a. – kommen kann, weil das HI-Virus das Immunsystem zerstört.

Sind HIV bzw. Aids immer tödlich? Es gibt ja immer wieder anderslautende Berichte.

Es gibt tatsächlich Patienten, die 15 Jahre HIV-positiv sind und keinerlei Krankheiten haben. Aber leider kann man das nicht verallgemeinern. Es sind nur wenige Einzelfälle, soviel kann man heute schon sagen. Was man weiß: Zehn Jahre nach der Infektion ist die Hälfte der Patienten aidskrank.

Zudem entwickeln sich auch immer wieder einmal gegen die bekannten Medikamente resistente Stämme.

Angeblich infizieren sich ja bloß die Schwulen, eigentlich ja sogar nur die schwulen Drogensüchtigen, also quasi der Dreck auf der Straße, und ich mach's ja sowieso nur mit meiner Nachbarin, was soll da schon passieren? Was ist da dran?

Es ist statistisch so, daß Männer eine geringere Chance haben, sich bei einer HIV-positiven Frau anzustecken als umgekehrt. Auch ist in bestimmten sozialen Gruppen das Risiko insgesamt geringer. Und dennoch ist es für einen Mann am Ende egal, ob es unwahrscheinlich war, wenn er sich infiziert hat. Es ist vielleicht nicht ganz so wahrscheinlich, aber es ist möglich.

Wie groß ist die Wahrscheinlichkeit, sich überhaupt beim Sex anzustecken? Insbesondere beim Vaginalverkehr?

Es gibt keine gesicherten Zahlen. Aber es gibt Paare, bei denen einer positiv ist und die Sex ohne Kondom haben, wobei der Partner sich nicht – oder erst sehr spät – ansteckt. Es gibt aber auch Leute, die hatten einen einzigen sexuellen Kontakt mit einem positiven Menschen und haben sich angesteckt. Alles von 0 bis 100 Prozent ist möglich.

Es gibt Faktoren, die eine Ansteckung begünstigen oder vor ihr schützen. Bei einer Pilzinfektion beispielsweise ist die Schleimhaut dünner, verletzbarer – die Gefahr, daß Viren eindringen, ist größer. Auch wenn ich ohnehin gerade krank bin. Das ist wie beim Schnupfen – manchmal steckt man sich sofort an, das nächste Mal nicht.

Letztlich, wenn jemand glaubt, er steckt sich sowieso nicht an, kann ich nur sagen: Wenn du dann zu den wenigen gehörst, die es trotzdem trifft, ist es doch irgendwie schade ...

Inwieweit sind in Europa Heterosexuelle betroffen? Gibt es Zahlen?

Ich hatte einmal eine Beratung einer Frau, die sich bei ihrem Freund angesteckt hatte. Der war früher drogensüchtig, ist jetzt clean, wußte selbst nicht, daß er infiziert war. Die meisten Tests, die wir machen, sind Gott sei Dank negativ.

In Afrika und Asien nehmen heterosexuelle Infektionen rasant zu. Bei uns sind die Neuinfektionsraten bei schwulen und bisexuellen Männern und Drogenabhängigen, den beiden Hauptbetroffenengruppen, seit Jahren konstant – bei Frauen jedoch steigt sie langsam, aber stetig an, also eine Zunahme bei heterosexuellen Infektionen.

Welche Kontakte sind ansteckend? Welche nicht?

Sicher ist, daß die Hauptansteckungswege über Körperflüssigkeiten laufen. Blut (auch Menstrualblut), Sperma, Vaginalflüssigkeit, die in die Blutbahn gelangen können. Speichelflüssigkeit enthält sehr wenig Viren – man braucht rechnerisch zwischen drei und acht Litern Speichel für eine Infektion. Küssen ist also ungefährlich. Das könnte sich nur ändern, wenn die Viren mutieren und aggressiver würden, was wir nicht hoffen wollen. Bisher ist es noch nicht soweit.

Muttermilch hingegen ist ebenfalls ansteckend, was vor allem in Afrika ein großes Problem darstellt, wo das Wasser zur Bereitung von Milch verseucht ist, d. h., man könnte den Müttern nicht raten, abzustillen.

Das Risiko beim Analverkehr ist etwas größer als beim Vaginalverkehr, weil die Darmschleimhaut dünner ist und sich leichter Verletzungen bilden. Aber auch Vaginal- und Oralverkehr sind Infektionswege.

Sind Kondome unsinnlich? Stören sie den Liebesakt?

Das findet doch nur im Kopf statt! Leute, die so denken, werden wir kaum mehr ansprechen können. Wir müssen uns an die jungen Leute wenden. Wir müssen über Sexualität sprechen, Seitensprünge enttabuisieren.

Das Problem ist auch: Männer benutzen nicht gern Kondome, weil die Frau dann denken könnte, so was machen sie öfter. Woran doch gar nichts auszusetzen wäre, außerdem muß es das nicht heißen. Und mit dem Kondom wird etwas verhindert: Schwangerschaft, Infektionen – das nimmt der Sexualität ein wenig der gewünschten Leichtigkeit. Ich hab sowieso schon viel Ärger, will mich nicht noch mit Aids und Hepatitis und so was auseinandersetzen müssen. Will mal abschalten.

Ein ähnliches Phänomen gab es, als den Ärzten zum Blutabnehmen Handschuhe vorgeschrieben wurden. Da sagen immer noch viele: Ich kann nichts fühlen. Es gibt keinen Chirurg – seit es Chirurgie gibt –, der ohne Handschuhe arbeitet! Und Chirurgen müssen 'n bißchen mehr ertasten, als man es beim popeligen Blutabnehmen muß. Dasselbe gilt für Kondome – sie sind in erster Linie Gewöhnungssache.

Wie können Sie von der Aids-Hilfe nun den Erwachsenen Kondome schmackhaft machen?

Unterschiedlich. Junge Leute sind vielfach schon daran gewöhnt.

Wir müssen zielgruppenspezifisch arbeiten. Wir können nicht mit Greuelmärchen kommen. Raucher wissen auch, daß sie Raucherbeine und Lungenkrebs bekommen können. Das hindert sie nicht am Rauchen.

Im heterosexuellen Bereich haben wir das Problem, unsere Zielgruppe nicht erreichen zu können, weil sich niemand outet. Wir kommen an die Freier und Seitenspringer nicht heran.

Auch im Schwulenbereich muß man permanent in der Szene präsent sein. Wenn wir da drei Jahre aussetzen, wird die Akzeptanz für Kondome bei Schwulen vermutlich auch wieder schlechter.

Ein weiteres Problem: Aids ist behandelbar, laut Medien sogar «heilbar» – und prompt werden Gelder gestrichen. Die Deutsche Aids-Hilfe kriegt ein Drittel weniger Geld. Das heißt: weniger Öffentlichkeitsarbeit, weniger Präsenz in der Szene.

Bloß: Aids ist nicht heilbar! Davon sind wir noch weit entfernt.

Dank

… gebührt allen, die geholfen haben, indem sie freimütig und manchmal auch frohgemut Auskunft über ihr Liebesleben gaben.

… gebührt unserer Lektorin Sabine Krecker dafür, dieses Buch von Anfang an genau richtig verstanden zu haben. Und so nett zu sein.

… gebührt unseren Freunden, die auch die Arbeit an diesem Buch, wie schon so viele(s), mit uns durchstanden.

… gebührt aber vor allem allen Leserinnen und Lesern dieses Buches – also Ihnen! Ohne die Hoffnung auf Sie wäre dieses Buch nie erschienen. Möge es Ihnen Glück bringen – und viel Vergnügen bereiten!

Schall und Rauch

Namen sind bekanntlich Schall und Rauch, und doch: Etliche unserer Gesprächspartner würden ihre jetzige Beziehung gefährden und/oder ehemalige Partner verletzen, wenn ihre Geschichte öffentlich würde. Sie stehen dazu – durchaus. Innerlich. Möchten aber keinen unnötigen Schaden anrichten. Deshalb haben wir durchgängig alle Namen geändert und die Berichte anonymisiert. Das bedeutet: Wir haben Städtenamen, Berufsbezeichnungen, Altersangaben und sprachliche Eigenarten, die eine eindeutige Identifizierung ermöglichen könnten, leicht modifiziert. Wenn Ihnen also eine der Geschichten so merkwürdig bekannt vorgekommen ist, bis zur letzten Kleinigkeit, können wir Ihnen versichern: Das ist Zufall. Denn genau diese Kleinigkeiten stimmen nicht. Der Rest aber ist die Wahrheit und nichts als die Wahrheit.

Anmerkungen

1. Frank Joachim: Treue – die brisante Seite der Liebe, Hamburg 1996, S. 9.
2. Hans Jellouscheck: Warum hast du mir das angetan, München 1995, S. 9.
3. Isabelle Hommel: In fremden Betten, Falken 1996, S. 13.
4. Janis Abrahams, Michael Spring: Treuebrüche, Frankfurt a. M. 1996, S. 12.
5. Ebd., S. 61.
6. Ebd., S. 319.
7. Zitiert nach Für Sie 8/96.
8. Nena und George O'Neill: Die offene Ehe, Reinbek bei Hamburg 1975.
9. Ingrid Füller: Eine Affäre in Ehren, Reinbek bei Hamburg 1992, S. 20.
10. Isabelle Hommel, a. a. O., S. 8.
11. Ingrid Füller, a. a. O., S. 21.
12. Frank Joachim, a. a. O., S. 83.
13. Shere Hite (1990), zitiert nach Ingrid Füller, a. a. O., S. 21.
14. Institut für Demoskopie, Allensbach, zitiert nach Cosmopolitan 12/94.
15. Maja Langsdorff: Die Geliebte, München 1996, S. 38 f.
16. Ebd.
17. Frank Joachim, a. a. O., S. 17 (nach Bellis und Baker 1991).
18. G. Hamphrey (1986), zitiert nach Ingrid Füller, a. a. O., S. 32.
19. S. Schnabl (1988), zitiert nach Ingrid Füller, ebd.
20. H. Schenk, zitiert nach Ingrid Füller, ebd.
21. Marina Gambaroff: Die Utopie der Treue, Reinbek bei Hamburg 1984, S. 9.
22. Ebd., S. 48.
23. Ebd., S. 47.
24. Hans Jellouscheck, a. a. O., S. 188.
25. Ruthard Stäblein (Hg.): Treue, Frankfurt a. M. 1997, S. 62.
26. Frank Joachim, a. a. O., S. 205 f.
27. Hans Jellouscheck, a. a. O., S. 125 f.
28. Eva Jaeggi, Walter Hollstein: Wenn Ehen älter werden, München 1994, S. 174.
29. Isabelle Hommel, a. a. O., S. 28.
30. Ebd.
31. Hans Jellouscheck, a. a. O., S. 41.
32. Frank Joachim, a. a. O., S. 125 ff.

33. Ebd., S. 67 ff.
34. Maja Langsdorff, a. a. O., S. 9.
35. Ebd., S. 15.
36. Eva Jaeggi, Walter Hollstein, a. a. O., S. 160.
37. Zitiert nach Gala 14/96.
38. Jürg Willi: Die Zweierbeziehung, Reinbek bei Hamburg 1975, S. 194.
39. Michael Cöllen, zitiert nach Ingrid Füller, a. a. O., S. 25.
40. Ingrid Füller, a. a. O., S. 48.
41. Hans Jellouscheck, a. a. O., S. 164.
42. Isabelle Hommel, a. a. O., S. 9.
43. Frank Joachim, a. a. O., S. 187.
44. Georg Phillip Schmidt von Lübeck: Des Fremdlings Abendlied, zitiert nach Ludwig Reiners, Der ewige Brunnen, München 1955, S. 633.
45. Janis Abrahms, Michael Spring, a. a. O., S. 141.
46. Frank Joachim, a. a. O., S. 278.
47. Janis Abrahms, Michael Spring, a. a. O., S. 76.
48. Isabelle Hommel, a. a. O., S. 58 f.
49. Frank Joachim, a. a. O., S. 228.
50. Paul Auster: Leviathan, Reinbek bei Hamburg 1994, S. 114 ff.
51. Frank Joachim, a. a. O., S. 90.
52. Janis Abrahms, Michael Spring, a. a. O., S. 60 f.
53. Frank Pittman (1991), zitiert nach Janis Abrams, Michael Spring, a. a. O., S. 335.
54. Janis Abrahms, Michael Spring, a. a. O., S. 99.
55. Ingrid Füller, a. a. O., S. 111.
56. Maja Langsdorff, a. a. O., S. 115.
57. Janis Abrahms, Michael Spring: Treuebrüche. Die kreative Aufarbeitung des Seitensprungs, Frankfurt a. M. 1996.
58. Maja Langsdorff, a. a. O., S. 204 f.
59. Hans Jellouscheck, a. a. O., S. 124.
60. Richard Friedenthal, zitiert nach Frank Joachim, a. a. O., S. 241.
61. Ingrid Füller, a. a. O., S. 10.

Abbildungen

Gisela Krahl / Andrea Riepe
Wonnestunden *Betörende Düfte, schlüpfrige Öle und berüchtigte Salben *Erotische Räucherungen und Aromalampen für die liebevolle Erleuchtung *Die Wonne in der Wanne *Aphrodisische Gaumenfreuden *Kissen zum Küssen *Ein Tag und eine Nacht aus lauter Lust und Liebe*
Mit Illustrationen von Brian Grimwood
192 Seiten. Gebunden. Wunderlich
«Schon die Aufmachung des Buches ist eine Wonne. Wir werden optisch verführt, den Verführungen nachzugeben, die die Autorinnen vor uns ausbreiten ... Folgen wir dem Buch, wird es unserem Wohlbefinden – und dem unseres Partners – an nichts mehr fehlen.» *Journal für die Frau*

Gisela Krahl / Magrit Szabo
Tausendschön *Die großen Rezepte um die kleinen Geheimnisse der Kosmetik zum Selbermachen *Cremes, Gele und Öle für Gesicht und Körper *Duftende Sei-fen und Shampoos *Bade-wonnen *Aromamassagen und Muskelöle *Parfüm und Duft für Wohnung und Büro*
Mit Illustrationen von Brian Grimwood
176 Seiten. Gebunden. Wunderlich
Mit Witz und viel Knowhow haben die Autorinnen ihre guten und vor allem praktischen Tips zu Papier gebracht.

John Selby
Magische Ekstase *Das Tor zu Erfüllung und Seelenpartnerschaft*
(rororo sachbuch 60280)

Lonnie Barbach
Mehr Lust *Gemeinsame Freude an der Liebe*
(60397)

Ulrich Hoffmann / Sybille Wagner
Untreu – aber richtig! *Kleiner Ratgeber für Seitensprünge*
(rororo sachbuch 60283)
Der ultimative Ratgeber fürs erotische Abenteuer: zum Beispiel Tips zur Partnerwahl, eine kleine Flirtschule, die besten Orte für einen Seitensprung und – nicht zu vergessen – Ratschläge füpr den Tag danach.

Matthias Frings (Hg.)
Lust
... träumen
... erleben
... genießen
(rororo sachbuch 60466)